中国社会科学院国情调研特大项目"精准扶贫精准脱贫百村调研"

精准扶贫精准脱贫百村调研丛书

CASE STUDIES OF TARGETED POVERTY REDUCTION AND
ALLEVIATION IN 100 VILLAGES

李培林／主编

精准扶贫精准脱贫
百村调研·向阳村卷

发挥村"两委"脱贫领头人作用

王 磊／著

社会科学文献出版社
SOCIAL SCIENCES ACADEMIC PRESS (CHINA)

中国社会科学院国情调研特大项目
"精准扶贫精准脱贫百村调研"
项目协调办公室

主　任：王子豪

成　员：檀学文　刁鹏飞　闫　珺　田　甜　曲海燕

总　序

　　调查研究是党的优良传统和作风。在党中央领导下，中国社会科学院一贯秉持理论联系实际的学风，并具有开展国情调研的深厚传统。1988年，中国社会科学院与全国社会科学界一起开展了百县市经济社会调查，并被列为"七五"和"八五"国家哲学社会科学重点课题，出版了《中国国情丛书——百县市经济社会调查》。1998年，国情调研视野从中观走向微观，由国家社科基金批准百村经济社会调查"九五"重点项目，出版了《中国国情丛书——百村经济社会调查》。2006年，中国社会科学院全面启动国情调研工作，先后组织实施了1000余项国情调研项目，与地方合作设立院级国情调研基地12个、所级国情调研基地59个。国情调研很好地践行了理论联系实际、实践是检验真理的唯一标准的马克思主义认识论和学风，为发挥中国社会科学院思想库和智囊团作用做出了重要贡献。

　　党的十八大以来，在全面建成小康社会目标指引下，中央提出了到2020年实现我国现行标准下农村贫困人口脱贫、贫困县全部"摘帽"、解决区域性整体贫困的脱贫攻坚目标。中国的减贫成就举世瞩目，如此宏大的脱贫目标世所罕见。到 2020 年实现全面精准脱贫是党的十九大提出的三大攻坚战之一，是重大的社会目标和政治任务，中国的贫困地区在此期间也将发生翻天覆地的变化，而变化的过程注定不会一帆风顺或云淡风轻。记录这个伟大的过程，总结解决这个世界性难题的经验，为完成这个攻坚战献计献策，是社会科学工作者应有的责任担当。

2016 年，中国社会科学院根据中央做出的"打赢脱贫攻坚战"战略部署，决定设立"精准扶贫精准脱贫百村调研"国情调研特大项目，集中优势人力、物力，以精准扶贫为主题，集中两年时间，开展贫困村百村调研。"精准扶贫精准脱贫百村调研"是中国社会科学院国情调研重大工程，有统一的样本村选择标准和广泛的地域分布，有明确的调研目标和统一的调研进度安排。调研的 104 个样本村，西部、中部和东部地区的比例分别为 57%、27% 和 16%，对民族地区、边境地区、片区、深度贫困地区都有专门的考虑，有望对全国贫困村有基本的代表性，对当前中国农村贫困状况和减贫、发展状况有一个横断面式的全景展示。

在以习近平同志为核心的党中央坚强领导下，党的十八大以来的中国特色社会主义实践引导中国进入中国特色社会主义新时代，我国经济社会格局正在发生深刻变化，脱贫攻坚行动顺利推进，每年实现贫困人口脱贫 1000 多万人，贫困人口从 2012 年的 9899 万人减少到 2017 年的 3046 万人，在较短时间内实现了贫困村面貌的巨大改观。中国社会科学院组建了一百支调研团队，动员了不少于 500 名科研人员的调研队伍，付出了不少于 3000 个工作日，用脚步、笔尖和镜头记录了百余个贫困村在近年来发生的巨大变化。

根据规划，每个贫困村子课题组不仅要为总课题组提供数据，还要撰写和出版村庄调研报告，这就是呈现在读者面前的"精准扶贫精准脱贫百村调研丛书"。为了达到了解国情的基本目的，总课题组拟定了调研提纲和问卷，要求各村调研都要执行基本的"规定动作"和因村而异的"自选动作"，了解和写出每个村的特色，写出脱贫路上的风采以及荆棘！对每部报告我们都组织了专家评审，由作者根据修改意见进行修改，直到达到出版要求。我们希望，这套丛书的出版能为脱贫攻坚大业写下浓重的一笔。

中共十九大的胜利召开，确立习近平新时代中国特色社会主义思想作为各项工作的指导思想，宣告中国特色社会主义进入新时代，中央做出了社会主要矛盾转化的重大判断。从现在起到 2020 年，既是全面建成小康社会的决胜期，也是迈向第二个百年奋斗目标的历史交会期。在此期间，国家强调坚决打好防范化解重大风险、精准脱贫、污染防治三大攻坚战。2018 年春节前夕，习近平总书记到深度贫困的四川凉山地区考察，就打好精准脱贫攻坚战提出八条要求，并通过脱贫攻坚三年行动计划加以推进。与此同时，为应对我国乡村发展不平衡不充分尤其突出的问题，国家适时启动了乡村振兴战略，要求到 2020 年乡村振兴取得重要进展，做好实施乡村振兴战略与打好精准脱贫攻坚战的有机衔接。通过调研，我们也发现，很多地方已经在实际工作中将脱贫攻坚与美丽乡村建设、城乡发展一体化结合在一起开展。可以预见，贫困地区的脱贫攻坚将不再只局限于贫困户脱贫，我们有充分的信心从贫困村发展看到乡村振兴的曙光和未来。

是为序！

李培林

全国人民代表大会社会建设委员会副主任委员

中国社会科学院副院长、学部委员

2018 年 10 月

前　言

　　党的十八大以来，党中央把扶贫开发摆到治国理政的重要位置，提出了精准扶贫、精准脱贫的基本方略，将我国扶贫开发推进到一个全新的阶段。农村脱贫是全面建成小康社会最艰巨的任务，习近平总书记提出的精准扶贫理论体系，为贫困地区推进扶贫攻坚、实现与全国同步全面建成小康社会提供了重要遵循。党的十九大报告中提出，十八大以来的五年，脱贫攻坚战取得决定性进展，六千多万贫困人口稳定脱贫，贫困发生率从 10.2% 下降到 4% 以下。当前是脱贫攻坚战的关键阶段，确保到 2020 年所有贫困地区和贫困人口一道迈入全面小康社会是中国共产党对全国人民的庄严承诺。2017 年中央经济工作会议明确指出，今后 3 年要重点抓好决胜全面建成小康社会的三大攻坚战，精准脱贫是其中之一。会议强调，要动员全党全国全社会力量，坚持精准扶贫、精准脱贫，确保到 2020 年我国现行标准下农村贫困人口实现脱贫，贫困县全部摘帽，解决区域性整体贫困，做到脱真贫、真脱贫。

　　2016 年底，本课题组申请的中国社会科学院国情调研特大项目"精准扶贫精准脱贫百村调研"之子课题获批立项。该课题主要考察和分析了全国脱贫攻坚关键时期河北省张家口市赤城县雕鹗镇向阳村的精准扶贫精准脱贫的具体措施、效果、经验和教训，并对未来3年的脱贫攻坚工作提出对策建议。课题内容具体包括向阳村及其所隶属的赤城县的情况概览与反贫困实践概况，向阳村精准扶贫精准脱贫工作的具体措施、效果、存在问题与改进建议。

调研项目期间，课题组成员多次奔赴河北省张家口市、赤城县、雕鹗镇和向阳村进行资料收集、田野调查、问卷调查、个案访谈和小组座谈。

2017年3月，课题组与当地干部，特别是向阳村的村干部及群众进行座谈，收集赤城县、雕鹗镇和向阳村的有关资料，对省、市、县、镇和村各级政府或组织的精准扶贫精准脱贫等相关政策、制度和实施状况进行收集、汇总和分析，在此基础上，课题组形成了更为明确的调研计划与安排。另外，课题组成员请向阳村书记兼主任万清同志协助完成了村问卷《行政村调查问卷》（调查年度：2016年）。据此，课题组初步掌握了向阳村的自然地理、人口就业、土地资源及利用、经济发展、社区设施与公共服务、村庄治理与基层民主、教育科技文化、社会稳定状况、村集体经济与财务、公共建设与农民集资、建档立卡贫困人口及发展干预情况（2015年、2016年）和第一书记及扶贫工作队等各方面情况。

2017年4月，课题组在向阳村进行了住户问卷调查。调查使用了《精准扶贫精准脱贫百村调研住户调查问卷》（调查年度：2016年）。课题组遵循总项目组要求的抽样方法，抽取了向阳村建档立卡户（贫困户）和非建档立卡户（非贫困户）各30户。通过住户调查问卷了解了被调查家庭户的家庭成员、住房条件、生活状况、健康与医疗、劳动与就业、政治参与、社会联系、时间利用、子女教育和扶贫脱贫等情况。2017年6~9月，课题组针对调查采集的村调查问卷和住户调查问卷的数据进行了细致的分析工作。同时，结合前期的质性访谈材料，课题组展开并完成了研究报告初稿。2017年10~12月，在报告初稿的基础上，课题组赴向阳村对部分村民及村干部进行补充调研访谈，查漏补缺，对研究报告初稿进行系统全面的完善。

基于向阳村的村问卷和住户问卷调查数据、田野调查质性访谈资料等一手数据资料和课题组收集的河北省、张家口市、赤城县、雕鹗镇、向阳村共5个行政层级的有关公开信息等二手数据资料，本课题采用简单统计分析方法、个案访谈质性分析方法、比较分析方法和文献分析方法等研究方法，较为全面系统地描述、研究和分析了环京津贫困带的贫困村——向阳村，在脱贫攻坚关键阶段的精准扶贫精准脱贫实践、效果和问题等。

通过调研分析，针对向阳村精准扶贫精准脱贫和脱贫攻坚实践，课题组有以下几点主要发现。一是客观的自然环境、社会经济发展限制和主观的不够积极的态度与观念是赤城县及向阳村陷入贫困的两大核心因素。二是家庭结构或家庭劳动力数量及质量是导致向阳村家庭户陷入贫困的关键因素。三是向阳村精准识贫工作基本符合程序标准，但工作细致程度仍有较大上升空间，在程序合规的基础上，精准识贫的有效性和公平性有待进一步提高。四是通过打机井和山泉水补充等措施，向阳村居民生活用水问题得到基本解决，这是该村扶贫攻坚的最大亮点，也是向阳村村"两委"和各级各方面有关扶贫单位、组织和个人对向阳村扶贫实践的最突出贡献。五是精准扶贫措施还需拓展思路，截至目前，对向阳村贫困家庭和贫困人口的帮扶措施仍主要属于"授之以鱼"，今后需要加大"授之以渔"精准帮扶措施的力度。六是脱贫攻坚阶段，向阳村仍需要进一步激发干部群众齐心协力扶贫攻坚的积极性。七是无论是贫困户还是非贫困户，向阳村村民对精准扶贫各方面的评价总体一般，贫困户对于精准扶贫的评价略高于非贫困户。八是扶贫成效比较明显，2017年10月，向阳村贫困户减少一半，原有贫困户中50%完成脱贫，剩余50%贫困户计划于2019年脱贫。

研究认为，一是自然环境的限制，尤其是水资源短缺是向阳村脱贫奔小康的最大客观障碍，向阳村尽管基本解决了生活用水短缺难题，但生产用水仍没有充分保障。二是产业扶贫是向阳村走过但暂时遭遇挫折的道路。向阳村产业扶贫之路遇到曲折，砖瓦厂被取缔关闭之后，原址建造的沥青厂并没能助力该村精准扶贫精准脱贫工作。这一结果与向阳村干部群众没能充分发挥自身积极主动性有一定关联。三是扶贫攻坚阶段，向阳村干部群众需要同心协力攻坚克难。村干部需要再多些为民服务的公心，各项扶贫工作不仅需要符合上级规定的程序，还需要广泛发动村民群众参与进来，形成良性监督。向阳村村民也需要摆脱老思想、老观念，更积极地投入反贫困斗争中。

　　为了进一步做好向阳村的脱贫攻坚工作，本课题组有以下四点建议。一是紧抓基层党建，增强村干部和村民同心同德扶贫攻坚的信念。二是紧抓规章制度落实，做到扶真贫。向阳村村"两委"和驻村扶贫工作队亟须强化制度落实的质量，真正做到公开、公平、公正地识别贫困户，真正做到扶贫工作经得起村民评说、经得起上级检查、经得起历史检验。三是紧抓解放思想、开拓进取，做到真扶贫。村"两委"和驻村扶贫队仍需要加强扶贫工作，需要真正找到贫困户脱贫的有效举措，必须找到真正适合贫困户的脱贫项目或扶贫措施，让贫困户脱贫变为依靠"授人以渔"的自我造血模式，而不应过多依赖种粮补贴、低保补助或五保户补贴、教育补贴、危房改造等"授人以鱼"的简单输血方式。四是紧抓使命意识，真正做到按期脱贫、如期全面进入小康社会。2017年10月，向阳村原有贫困户已有一半脱贫"摘帽"，剩下的一半贫困户的脱贫任务应是更难肯的"硬骨头"。向阳村干部群众需要清醒认识到剩下一半贫困户如期脱贫任务的艰巨性，力争最终达到全部按期脱贫的目标。

目　录

第一章

导　言

第一节　研究背景与研究意义

一　研究背景

反贫困是一个世界性的重要问题。联合国千年发展目标中就包含了减少贫困。中国共产党的十八大报告首次提出全面"建成"小康社会。"建设"与"建成"一字之差，但意义深远。"小康社会"是由邓小平于 20 世纪 70 年代末 80 年代初在规划中国经济社会发展蓝图时提出的战略构想。随着中国特色社会主义建设事业的深入，其内涵和意义不断得到丰富和发展。在 20 世纪末基本实现"小康"的情况下，中国共产党的十八大报告明确提出了"全面建成小康社会"。

2017 年 6 月，瑞士日内瓦召开的联合国人权理事会第三十五次会议上，中国代表庄严登上发言席，代表全球 140 多个国家，就共同努力消除贫困发表联合声明。联合国开发计划署前署长海伦·克拉克说："中国最贫困人口的脱贫规模举世瞩目，速度之快绝无仅有。"[①] 这是党带领人民用短短 30 多年让 7 亿多人脱贫并将在未来 3 年让 4000 多万群众走出绝对贫困的伟大决战。坚决打赢脱贫攻坚战，确保到 2020 年所有贫困地区和贫困人口一道迈入全面小康社会。

共同富裕是社会主义的本质规定和奋斗目标，也是我国社会主义的根本原则。党的十八大以来，习近平总书记脱贫攻坚战略思想体系日臻成熟，脱贫攻坚战略重点日渐明确，脱贫攻坚的战略实施格局日益完善，脱贫攻坚的战略保障卓见成效。中国共产党第十九次全国代表大会确立的习近平新时代中国特色社会主义思想是引领我国全面建成小康社会、夺取新时代中国特色社会主义伟大胜利的关键。

习近平总书记在中国共产党第十九次全国代表大会上的报告《决胜全面建成小康社会夺取新时代中国特色社会主义伟大胜利》中谈道：要动员全党全国全社会力量，坚持精准扶贫、精准脱贫，坚持中央统筹省负总责市县抓落实的工作机制，强化党政一把手负总责的责任制，坚持大扶贫格局，注重扶贫同扶志、扶智相结合，深入实施东西部扶贫协作，重点攻克深度贫困地区脱贫任务，确保到 2020 年我国现行

[①] 新华社记者：《中国反贫困斗争的伟大决战》，人民出版社，2017，第 1 页。

标准下农村贫困人口实现脱贫，贫困县全部摘帽，解决区域性整体贫困，做到脱真贫、真脱贫。党的一切工作必须以最广大人民根本利益为最高标准。要坚持把人民群众的小事当作自己的大事，从人民群众关心的事情做起，从让人民群众满意的事情做起，带领人民不断创造美好生活。

2016 年国民经济和社会发展统计公报显示，按照每人每年 2300 元（2010 年不变价）的农村贫困标准计算，2016 年农村贫困人口 4335 万人，比上年减少 1240 万人。[①] 距离 2020 年全面建成小康社会还有三年时间，精准扶贫、脱贫攻坚是确保剩余贫困人口如期全部脱贫的必由之路。

党的十八大以来，我国的扶贫开发进入精准扶贫、脱贫攻坚的新阶段。2013 年 11 月，习近平总书记在湖南湘西十八洞村考察时首次明确提出扶贫开发要精准扶贫。[②] 自此之后，精准扶贫就成为我国扶贫开发新阶段的基本要求、推进方略和工作机制。习近平总书记在中央扶贫开发工作会议上强调，把"扶贫攻坚"改成"脱贫攻坚"，就是要在 2020 年这一时间节点上，兑现脱贫的承诺。脱贫攻坚表明我国扶贫开发已经进入啃硬骨头、攻坚拔寨的冲刺期。

二 研究意义

贫困村是脱贫攻坚的前线。深入掌握贫困村精准扶

---

① 《中华人民共和国 2016 年国民经济和社会发展统计公报》，http://www.stats. gov.cn/tjsj/zxfb/201702/t20170228_1467424.html。

② 习近平:《坚决打赢扶贫攻坚战》，人民网–中国共产党新闻网，2017 年 11 月 3 日，http://cpc.people.com.cn/xuexi/n1/2017/1103/c385474-29626301.html。

贫、精准脱贫过程中的具体做法、实际效果和存在问题及改进措施是胜利完成脱贫攻坚战略目标的基础。按照政府规定，年人均纯收入2800元以下的属于贫困人口。国务院扶贫办数据显示，2015年我国有12.8万个贫困村分布在14个连片区的592个贫困县。随着国家脱贫攻坚进入冲刺阶段，已有扶贫研究积累相当丰富。不过，现有扶贫研究的绝大部分是从全国、部分区域、省区、县域等宏观和中观层面上展开，从村庄层面进行的专门研究成果还不多见。尽管对12.8万个贫困村进行全面覆盖式研究是不可能完成的任务，但是从这12.8万个贫困村中抽取一部分进行深入研究却是可行的办法。中国社会科学院国情调研特大项目"精准扶贫精准脱贫百村调研"选取全国各地100个贫困村进行统一模式的问卷调查和相对自由的质性访谈与田野调查。这样的研究方式对于目前脱贫攻坚关键时期的农村扶贫研究具有十分重要的现实意义和实践可行性。

本报告是关于河北省张家口市赤城县雕鹗镇向阳村的精准扶贫精准脱贫研究结项报告。除了上述采取村庄扶贫调研的研究意义之外，向阳村精准扶贫精准脱贫调研还具有京津冀一体化及区域均衡发展的特殊研究意义。长期以来，京津冀地区存在着环京津贫困带。[①] 虽然紧邻首都北京和直辖市天津，环绕北京和天津的河北省市县却存在大

① 亚洲开发银行调研曾发现，在河北省环绕京津的区域有25个贫困县、200多万贫困人口，集中连片，与西部地区最贫困的"三西地区"相比，处在同一发展水平，有的指标甚至更低，亚洲开发银行为此提出了"环京津贫困带"的概念。

量的贫困县和贫困村。除了 2017 年退出国家级贫困县的望都县、海兴县和南皮县，河北省仍有国家级贫困县 38 个，占到全国 665 个贫困县的 5.7%。张家口市是河北省贫困县最多的地级市。河北省的国家级贫困县一共有 38 个，而张家口市的国家级贫困县数量达到了 10 个：张北县、康保县、沽源县、尚义县、蔚县、阳原县、怀安县、万全区、赤城县、崇礼区。张家口市的国家级贫困县数量是河北省全部国家级贫困县数量的 26.3%。本报告针对的向阳村就位于张家口市 10 个国家级贫困县之一的赤城县。

在脱贫攻坚冲刺阶段，深入调研河北省张家口市赤城县雕鹗镇向阳村的精准扶贫和精准脱贫具有更多一层的研究意义，即有助于加深或促进对京津冀区域协调发展等相关问题的认识、探索与解决。

第二节　研究设计

一　研究对象

我国地域广阔，城乡与地区间的经济社会发展水平参差不齐，中西部、农村和老、少、边、穷等偏远，自然环境恶劣或交通不便地区是贫困现象的多发区和扶贫任务繁重的重点区域。

从地理区位上看,河北省张家口市赤城县东南毗邻北京市延庆区,地貌地形为山区,这导致该地经济社会发展的"灯下黑"现象比较明显。一山之隔,张家口赤城县属于国家级贫困县,而延庆区则属于首都辖区,两地的经济社会发展水平、人民群众生活水平及社会福利水平等不可同日而语。从区域经济平衡发展看,帮助张家口市赤城县脱离贫困是全面建成小康社会、实现伟大中国梦的必然要求。

张家口市赤城县是连续多年的国家级贫困县。按照《赤城县"十三五"扶贫开发规划(2016-2020)》的功能分区说明,赤城县所辖乡镇共被分为四个战区:环首都片战区、农业种植加工战区、旅游服务业战区和"铁三角"战区。向阳村位于雕鹗镇域内,雕鹗镇属于环首都片战区。

雕鹗镇所辖向阳村地处深山,是贫困县中的贫困村。除了地处山区、交通闭塞等区位上的劣势外,向阳村贫困的主要原因是生活生产用水的缺乏。传统农村以农业生产为主营业务,缺水导致该村农业不发达,贫困发生率高,很难吸引村外、周边的适婚年龄女性嫁入,因此,男性大龄未婚现象严重,适婚年龄男性的婚姻挤压严重。

2010~2015年,课题主持人对该村长期追踪调查,发现该村居民大部分去往北京、河北省其他市县及内蒙古、山西、山东和东北地区打工,只有少部分人能够在以前的村办企业——砖窑厂打工。课题组认为,对该村的精准扶贫精准脱贫的研究将具有典型性。同时,由于课题主持人长期在该县（包括该村）进行调研，与当地的县、镇、村三级相关干部群众之间存在良好沟通基础，具备此次国情调研的可行性。

二 研究视角

本报告从个人、家庭、村庄和区域四个主要视角进行研究，其中，区域视角还包括了乡镇、县、市、省、京津冀区域和全国等维度。

家本位是中国传统文化的重要特征。在精准扶贫精准脱贫的实际工作过程中，对贫困人口的识别也主要落脚在家庭户层面。家庭规模、类型、代际构成等特征反映了家庭所处生命周期和家庭发展能力，这些都与家庭或家庭人口面临的贫困风险和发生的贫困行为存在直接关联。反贫困斗争中，分析家庭户和家庭成员的致贫原因是有机统一的，采取的精准扶贫精准脱贫的举措也应该是家庭成员和家庭户的有机统一。

个体和家庭因素是农村贫困人口致贫的微观内在原因，中观和宏观的外在原因也很关键。向阳村位于国家级贫困县赤城县境内，赤城县又属于环京津贫困带和全国14个连片特困区——燕山 - 太行山区。因此，向阳村的精准扶贫精准脱贫之路必须内因外因结合起来双管齐下、方能见效，必须放在更高层面的县、市、省、经济区和连片贫困区的视角统筹考虑及应对。

三 研究内容

本报告聚焦于向阳村精准扶贫工作机制、精准脱贫的实际效果和脱贫攻坚的预期完成状况，基于 2016 年中国社会科学院国情调研特大项目"精准扶贫精准脱贫百村调研"之向阳村问卷调查数据和田野调查质性访谈材料，结合相关研究文献和数据材料，着重考察和分析以下四个方面的内容。

第一方面是致贫原因分析。向阳村贫困人口或贫困户的致贫原因主要从个人、家庭、村落、县域和区域等视角或维度进行分析。第二方面是精准扶贫工作机制分析。以针对向阳村精准扶贫具体工作的分析为抓手，考察村、乡镇、县、地级市和省各个层面的精准扶贫工作机制。着重考察向阳村如何开展精准识贫（贫困户或贫困人口建档立卡、贫困户或贫困人口脱贫识别及退出建档立卡户）和精准脱贫（安排贫困户采用何种扶贫措施及落实情况）。第三方面是精准脱贫的效果分析。根据问卷调查数据和实地调研访谈材料及相关文献资料的分析，对贫困户精准脱贫的效果做出分析研究和评估，对向阳村贫困户当前的精准扶贫效果做细致研究。第四方面是扶贫攻坚预期目标的分析。对向阳村 2020 年实现全村整体脱贫的前景做出判断。

四 研究方法

按照中国社会科学院国情调研特大项目"精准扶贫精

准脱贫百村调研"总项目组的具体规定和要求，本课题组多次到向阳村进行调研。根据向阳村村委会提供的贫困户（建档立卡户）和非贫困户（非建档立卡户）名单，分别从贫困户名单和非贫困户名单中随机抽取 30 户进行问卷调查。问卷调查之外，按照总项目组提供的访谈提纲和资料收集清单，课题组多次与村"两委"干部、扶贫驻村干部、贫困户和非贫困户的村民进行个案访谈，就向阳村基本情况、村庄集体经济发展状况、村庄治理基本情况、村干部社会经济背景及职务变动情况、发展项目和扶贫项目的争取与落实情况、村学校和教育发展情况、劳动力技能培训开展情况、劳动力外出务工就业情况和贫困户精准识别与调整情况等向村干部群众详细询问和了解。

除了针对向阳村的资料收集、个案访谈、小组座谈和问卷调查之外，课题组对河北省、张家口市、赤城县和雕鹗镇等各级政府组织相关的精准扶贫精准脱贫的具体政策、制度和措施进行了广泛的资料收集和分析。在此基础上，课题组对收集到的向阳村和河北省各级政府的有关脱贫攻坚的具体数据资料进行具体分析。

第二章

赤城县县情概览及反贫困实践概况

第一节　自然条件概况

一　地理条件

赤城全县山峦耸峙，四周高山环绕，境内山脉以靠近坝上高原的坝头为起点，向东南逶迤蜿蜒，与横贯南部的大海陀山脉闭合，形成一个较为封闭的独立补给区域。地势由东南向西北逐渐增高，至北到长城一带坝头。马厂一带为最高地区，海拔 1540 米；东南部四道甸一带最低，海拔 500 米，相对高度差 1040 米。赤城县地貌类型以成因可分为剥蚀侵蚀构造地貌类、剥蚀侵蚀堆积地貌类；以形态可分为山区、丘陵区、盆地区。

二　气候条件

赤城县属暖温带大陆性季风气候。冬季寒冷干燥，夏季凉爽短促，全年多风少雨，年平均气温 5.7℃，一月平均气温 –11.5℃，七月平均气温 20.9℃，年平均降水量 420 毫米。无霜期约 120 天。

三　水文条件

赤城县为海河流域潮白河水系的一部分。县境内主要有黑河、白河、红河三条河流，支流多为季节河。雨季河水暴涨，易成滥洪；干旱季节众小支流干涸无水。

赤城县地处北京的上风上水区。全县地表径流量为 3.5 亿立方米，可利用地表水资源年平均 3700 万立方米，黑河、白河、红河三条河流自西北向东南纵贯而下，其径流全部汇入密云水库，历史年度最高入库水量 3.47 亿立方米。2005 年输入密云水库水量 1.7 亿立方米，占年入库水量的 52%，是北京重要的饮用水源基地。水能蕴藏量达 4 万千瓦，可开发 1 万千瓦，建有小型水电站 5 座，装机容量 3615 千瓦，年发电量超过 1000 万千瓦。

第二节　经济社会发展概况

一　人口概况

2016 年末赤城县户籍人口 299176 人，常住人口 250679 人，其中城镇常住人口 99294 人，占总人口比重（常住人口城镇化率）为 39.61%，比上年末提高 3.1 个百分点。户籍人口城镇化率为 25.8%。出生人口 2593 人，人口出生率为 8.67‰；死亡人口 1093 人，人口死亡率为 3.65‰；人口自然增长率为 5.02‰，比上年上升 0.18 个千分点。

二　经济发展

2016 年赤城县地区生产总值实现 726286 万元，较上年增长 2.3%。其中第一产业实现增加值 241217 万元，增长 10.9%；第二产业实现增加值 287246 万元，下降 7.1%；第三产业实现增加值 197824 万元，增长 10.9%。第一产业增加值占全县生产总值的比重为 33.2%，第二产业增加值比重为 39.6%，第三产业增加值比重为 27.2%。全县民营经济实现增加值 573766 万元，同比增长 2.9%，占 GDP 比重 79.0%；实缴税金 27302 万元，同比下降 14.5%，占全部财政收入比重 52.6%。民营经济发展稳定，是全县经济发展的主要力量。年末城镇登记失业率为 2.84%。

三 基建交通

截至 2016 年底，赤城县实施完成了白河综合治理一期工程，实施了汤泉河综合治理一、二期工程，街道改造、集中供热、公厕建设、两场（厂）一房、市场建设、文化广场、小区开发、县城绿化等重点工程，东关集贸市场、世纪华联超市投入运营，实施了一批新民居示范村建设工程。

交通建设方面，张唐铁路业已完工投入运营，将为赤城县开辟一条出海通道，结束赤城县没有铁路的历史；对 198 公里国省干线进行大修，完成村村通工程 1073 公里，18 个乡镇通油路，全县公路密度达到 30 公里 / 百平方公里，通畅率达 100%。完成金阁山、大海陀、冰山梁和黑龙山等多条旅游道路建设。京北公路具备开工条件，形成了以国、省道干线公路为骨架，县、乡、村道路相连结的公路交通网络。

四 社会事业

教育方面，教育布局逐渐优化，2010~2015 年共撤并中小学校 142 所。赤城县拥有普通高中 1 所，2016 年末在校学生 3390 人，专任教师 251 人；职业高中 1 所，在校学生 689 人，专任教师 72 人；初中 10 所（包括九年一贯制学校 5 所），小学 21 所，初中在校学生 7205 人，专任教师 426 人，小学在校学生 17957 人，专任教师 1026 人；

小学适龄儿童入学率为 100%；幼儿园（包括民办）21 所，在园学生 4868 人，专任教师 177 人。

公共卫生方面，城乡疾病控制和医疗服务体系已初步形成，赤城县已拥有县乡医疗卫生机构 28 个，村卫生室 320 个，个体诊所 70 个。医疗卫生条件明显改善，完成妇幼保健院、县医院传染病房、4 个计生服务站、6 个乡镇卫生院、41 个村卫生室新建或改造任务。文化、体育事业加快发展，县城文化广场投入使用，建成乡镇综合文化站 16 所，农民体育健身工程惠及全县 25 个行政村。老龄化问题得到进一步重视，新建样田、东万口、雕鹗三所区域性中心敬老院。

第三节　贫困状况与贫困特征

一　贫困状况

赤城县贫困面广，贫困程度深。2015 年，农民人均纯收入 6877 元。按照 2900 元扶贫标准，贫困人口占农业人口比例 19%，贫困村占全县 440 个行政村的 21.5%。

赤城县气候条件恶劣，年平均气温为 5.7 摄氏度，漫长的冬季导致消费支出大，进一步加深了贫困程度。部分贫困群众还存在就医难、上学难、饮水不安全、社会保障水平低等困难。

赤城经济基础较差，制造业落后，产业配套程度低，影响招商引资和工业链群式发展。全县缺少大面积平地，工业发展空间相对有限，制约了占地多的项目进入。交通基础设施配套仍不完善，2015年底开通的张唐铁路设有赤城站，但该站属于三等站，并且以货运为主，兼顾客运。物流体系建设落后，区位和资源优势难以充分发挥。赤城城市基础设施和生活配套不完善，缺乏对高层次人才的吸引力，引进专业技术和高层次人才困难。现代服务业的发展更为滞后，基本没有直接为生产和科技发展服务的现代物流、金融、信息咨询等生产型服务业。财政实力不强，改善配套条件缺少必要的资金支持和优惠政策。产业发展配套条件不足，成为制约招商引资和新兴产业发展的重要因素。

经济发展水平低，特色产业滞后。2015年，一、二、三产业结构比例为26：47：27，与河北省省12.7：53.0：34.3相比，第一产业比例明显偏高。人均地区生产总值只有14534.88元，明显低于全省水平。城镇化率分别比全国、河北省平均水平低10.5、8.0个百分点。缺乏核心增长极，特色产业不明显、规模小，缺乏具有明显区域特色的大企业、大基地，产业链条不完整，没有形成具有核心市场竞争力的产业和产业集群。

社会事业发展滞后，基本公共服务不足。教育、文化、卫生、体育等方面软硬件设施建设不足，城乡居民就业不充分。人均教育、卫生支出低于全国平均水平和全省平均水平。中高级专业技术人员严重缺乏，科技对经济增长的贡献率低。

赤城地处北京上游水源涵养区和京北生态环境保护带，县内多山地，生态系统敏感且脆弱。赤城加快工业发展必然增加污染排放，不可避免地面临着加快发展与保护环境的矛盾。特别是主导产业矿产采选和加工业大量开挖山体，尾矿堆放，对植被和水源地形成破坏。在保护和优化生态环境的基础上推进工业化进程，对于赤城加快产业发展提出了更高的要求。

收入差距扩大，相对贫困现象凸显。2015年，赤城县农民人均纯收入与城镇居民可支配收入之比为1：3.99。

二　贫困特征

赤城县的贫困特征可以由三个"并存"来概况，即，区域性整体贫困与分散的个体贫困并存，生态环境贫困与农民素质贫困并存，一般性贫困与特殊性贫困并存。

三　贫困原因

1. 开放开发晚，投入严重不足

1996年，赤城县被批准为全面对外开放县，比全国晚了近20年，错过了改革开放初期的政策支持和发展机遇。特别是，开放之前的30多年始终为军事控制区，禁止开发面积占全县总面积的 55%，投入不足导致基础设施落后，成为赤城经济社会发展的"瓶颈"。

2. 环境保护责任大，产业发展受限制

为给北京提供充足、清洁的水资源，一方面赤城县关停造纸等 58 家工业企业，压缩水稻种植 3.2 万亩，禁牧淘汰各类牲畜折合近百万个羊单位，损失巨大；另一方面产业发展受到限制，产业空间发展小，导致县域经济发展缓慢、经济总量小，直接影响了向贫困村的投入和支持力度。

3. 自然条件差，自然灾害频发

受地形和气候影响，干旱、洪涝、风雹、霜冻、沙尘暴等自然灾害频发，沙漠化问题严重。1982~1992 年连续 11 年受灾；1998~2010 年先后 8 年出现洪水和旱灾，直接经济损失 7588.6 万元。自然灾害频发造成农业生产力低、经济收入不稳，群众灾年返贫的现象普遍。

4. 居住分散造成人口文化素质较低

主要表现在科技素质弱、思想观念旧，思路窄，办法少。部分农民贫困心态严重，安于现状，总把希望寄托在年轻人身上。而年轻人有能力则展翅高飞，远赴他乡创业；能力不强的子承父业，缺少带领群众脱贫致富的领头雁。学生完成义务教育后大多不愿花钱读技校学技术，外出打工人员以体力劳动为主，农民普遍缺少脱贫的本领与技术。

四　贫困人口

2014 年，按照农民人均纯收入 2736 元标准，建档立

卡贫困村 232 个，贫困户 5.49 万户，9.75 万人。其中，扶贫对象 5.33 万人，低保人口 4.15 万人，五保人口 0.27 万人。2014 年、2015 年整村脱贫 137 个村，1.75 万户，3.94 万人。

五　脱贫路径

"五个一批"脱贫路径为：产业扶持脱贫，易地搬迁脱贫，医疗救助脱贫，教育脱贫和低保政策兜底脱贫。

第四节　扶贫项目概况

按照精准扶贫、精准脱贫要求，依据《赤城县"十三五"脱贫攻坚总体规划》和《赤城县 2017 年脱贫攻坚实施方案》，紧紧围绕产业结构调整抓整合，以脱贫攻坚项目库为基础，2017 年赤城县统筹整合财政涉农资金，为扶贫项目投入建设资金 20661.2165 万元，分别如下。

一　光伏扶贫项目

投入资金 7460.2319 万元，用于村级光伏扶贫电站项目。其中，投入资金 4459 万元，用于 2016 年 39 个村级光伏扶贫电站项目，覆盖贫困户不少于 2340 户，每户不少于 3000 元；投入资金 3001.2319 万元，用于 2017 年村级光伏扶贫电站项目。

二 "金鸡"产业扶贫项目

根据赤城县政府与北京德青源农业科技股份有限公司签订的合作协议，投入资金 7146.57 万元，项目采取股份合作方式实施，贫困户通过资产收益扶贫方式实现分红收益。

三 扶贫资金项目

投入资金 2853.0473 万元，覆盖 149 个村的到村、到户项目，主要用于种植业、权益到户、产业化补助和产业项目区基础设施配套项目等。

四 基础设施项目

投入资金 1669.9 万元，覆盖 128 个村，主要用于道路硬化及与水利设施相关的基础设施项目。

五 其他项目

投入资金 512 万元，用于贫困村驻村工作组综合经费项目，其中，省级驻村工作组 24 个，经费 8 万元 / 个，市级驻村工作组 64 个，经费 5 万元 / 个。投入资金 47.4 万元，用于雨露计划项目；投入资金 19.8 万元，用于农村环境综合整治项目；投入资金 50 万元，用于干部培训和农业实用技术培训项目；投入资金 100 万元，用于扶贫小额信贷担保项目；投入资金 250 万元，用于蔬菜产业发展项目，投入资金 45.2973 万元，用于停止天然林商业性采伐项目；投入资金 506.97 万元，用于国家重点公益林补助项目。

第五节　扶贫效果与计划

2018 年 2 月 1 日，赤城县扶贫开发小组印发了《赤城县 2018 脱贫攻坚工作方案》，[①] 对 2018~2020 年脱贫攻坚的目标任务、具体措施与政府部门分工安排和脱贫计划表做出了具体安排和部署。

一　2018 年赤城县脱贫攻坚的目标任务

2018~2020 年赤城县脱贫攻坚的目标任务：2018 年，

[①] 《赤城县政府信息公开平台赤城县 2018 年脱贫攻坚工作方案》，http://www.zjkcc.gov.cn/govaffair/content.jsp?code=zjkccfpb/2018-00095&name=%E6%B0%91%E6%94%BF%E3%80%81%E6%89%B6%E8%B4%AB%E3%80%81%E6%95%91%E7%81%BE。

重点解决贫困村基础设施建设和 71 个非贫困村饮水安全，通过产业扶持、转移就业、易地搬迁、教育支持、医疗救助等措施，实现大部分有劳动能力的 9086 名贫困人口稳定脱贫，126 个贫困村出列。2019 年，重点解决非贫困村基础设施建设，通过光伏扶贫和社保政策兜底等措施，实现大部分政策兜底的 8139 名贫困人口稳定脱贫，59 个贫困村出列，贫困县摘帽。2020 年，集中扫尾、查漏补缺、巩固提升，脱贫 870 人，稳定实现农村贫困人口"两不愁、三保障"，[①] 农民人均可支配收入增长幅度高于全省平均水平，基本公共服务主要领域指标接近全省平均水平。

二 2018~2020 年赤城县脱贫攻坚的脱贫措施和保障措施

1. 脱贫措施

赤城县脱贫攻坚主要采取以下 17 个方面的措施：实施产业和就业脱贫行动；实施易地搬迁和危房改造脱贫行动；实施生态保护脱贫行动；实施教育脱贫行动；实施社保政策兜底脱贫行动；实施医疗保险和医疗救助脱贫行动；实施健康扶贫脱贫行动；实施基础设施脱贫行动；实施"互联网 +"扶贫行动；加大财政扶贫投入力度；加大金融扶贫力度；统筹推进对口帮扶工作；精准选派管理驻村工作队和第一书记；强化督导检查；强化领导责任；强化大数

---

① 国家确定"十三五"期间脱贫攻坚的目标是"两不愁、三保障"：到 2020 年稳定实现农村贫困人口不愁吃、不愁穿，农村贫困人口义务教育、基本医疗、住房安全有保障。

据支撑；强化佐证材料支撑。

2. 保障措施

赤城县脱贫攻坚的保障措施包括：加强脱贫攻坚组织领导；建立健全抓落实脱贫攻坚工作机制；发挥基层党组织战斗堡垒作用；完善驻村帮扶机制；强化扶贫领域专项治理；加大脱贫攻坚宣传力度。

三　2018~2020 年赤城县脱贫攻坚的计划

按照《赤城县 2018 脱贫攻坚工作方案》中的《赤城县 2018-2020 年贫困退出滚动计划》的数据资料，笔者计算得出 2017~2020 年赤城县贫困村脱贫摘帽和贫困人口脱贫的进展和计划。

从贫困村（行政村）看，2017 年，全部 232 个贫困村的 51458 名贫困人口已经脱贫 47248 人，占到全部贫困村贫困人口的 91.8%。2018 年，该县计划 232 个贫困村全部脱贫摘帽，脱贫人口 3419 人，占贫困村全部建档立卡贫困人口的 6.6%。2019 年，该县计划将最后的 791 名贫困村的贫困人口脱贫，该县全部贫困村及全部建档立卡的贫困人口脱贫摘帽。

从非贫困村看，2017 年，全部 208 个非贫困村的 18325 名贫困人口已经脱贫 4447 人，占全部非贫困村贫困人口的 24.3%。2018 年、2019 年和 2020 年，该县计划将非贫困村的贫困人口分别脱贫 5667 人、占 30.9%，7341 人、占 40.1% 和 870 人、占 4.7%。

可见，按照赤城县的扶贫攻坚计划，2019 年全部贫困村及其贫困人口脱贫摘帽，2020 年全部非贫困村的贫困人口脱贫摘帽。2020 年，赤城县全域建档立卡贫困户脱贫摘帽。

第三章

向阳村村情及反贫困实践

赤城县雕鹗镇向阳村是非少数民族聚居的省定贫困村。向阳村位于雕鹗镇西南部，距离 S241 省道 3.5 公里，距离镇政府 5 公里，全村 341 户 879 人。本章以扶贫百村调研问卷之村问卷调查情况为基础，辅以笔者长期调研资料，对向阳村及其扶贫概况做较为全面的描述分析。

第一节　自然环境、土地资源与利用

一　自然环境

　　向阳村是山区村落，村域面积约为 3 平方公里。它是自然村和行政村重合，共有 6 个村民小组。向阳村位于雕鹗镇西南 5 公里处，距离赤城县的县城有 30 公里。S241省道位于村北 3.5 公里处。由于位置偏僻，历史上向阳村从未经历过行政村合并。

图 3-1　向阳村远景

（说明：本书照片，均为王磊拍摄，2017 年 4 月）

二　土地资源与利用

　　向阳村属于典型的山区村落，耕地面积 2850 亩、人均耕地有 3.24 亩。向阳村人均耕地面积不小，但耕地质量不高，耕地全部是旱地，没有有效灌溉耕地。缺乏生活和生产用水是向阳村没有有效灌溉耕地的关键原因。除此之外，向阳村也没有桑园、果园或茶园等园地。

向阳村有退耕还林的林地 434 亩，没有菜地、畜禽饲养地、养殖水面、农户自留地和未发包的集体耕地。第二轮土地承包期内，向阳村的土地调整了 2 次，土地调整面积达到 2543 亩、占全部耕地的 89.2%。2016 年底，该村拥有土地确权登记发证面积 2546.3 亩。

向阳村没有国家征用耕地、农户对外流转耕地和农户对外流转山林山地，该村农户也没有参与耕地林地等土地流转。向阳村集体没有对外出租的耕地和山林地。全村闲置抛荒耕地面积达到 245 亩，占到全部耕地面积的8.6%。

第二节　人口、就业与经济发展

一　人口

向阳村共有 341 户家庭户，其中，建档立卡贫困户为 227户，建档立卡贫困户占到全村家庭户总数的 2/3。另外，该村有110 户低保户、占到全村家庭户总数的 32.3%，该村有 35 户五保户、占到全村家庭户总数的 10.3%。

截至调查时点，向阳村总人口为 879 人，户均 2.6 人，建档立卡贫困人口有 454 人、占到全村总人口的 51.6%。实际贫困人口达到 467 人，比建档立卡贫困人口多 13 人。低保人口 147 人，五保人口 35 人。低保补助是 1 年 2100 元，五保补助有 1 年 3400 元和 1 年 3600 元两档，区别主要看五保户有无劳动能力。该村有外来人口 10 人，残疾人有 26 人。文盲半文盲人口达到 430 人，占到全村总人口的 48.9%。

二 就业

向阳村村民外出务工、获得非农收入的情况很多。除了务农之外，向阳村村民主要在北京、天津、河北（赤城县及张家口市其他县）、内蒙古、山西和东北等地务工。冬季，村里多人长期在北京烧锅炉。还有部分村民常年在北京从事环境卫生、造桥修路等工作。

具体来看，全村常住人口 650 人、占到总人口的 73.9%，全村劳动力 325 人、占总人口的 37.1%。外出半年以上的劳动力达到 110 人、占全部劳动力的 34%，其中，举家外出的有 80 户、240 人。外出半年以内的劳动力有 50 人，外出到河北省之外的劳动力有 30 人、占到全部外出半年以上劳动力的 27.3%。外出人员主要从事建筑业和电力、热力、燃气及水的生产和供应业。外出务工人员中途返乡人数是 40 人，定期回家务农的外出劳动力有 200 人。初中毕业后没有升学的新成长劳动力人数为 20 人，高中毕业后没有升学的新成长劳动力人数为 30 人。4 人参加"雨露计划"。常年在外打工的大部分都是季节工，打工地点主要在北京、张家口市，河北省及周边省、区或直辖市。年轻人打工的工资可以达到每月 4500~5000 元，由于打工工作类型中季节工占比较大，一般年轻人的打工年均收入只有 2 万 ~3 万元。

三 经济发展

向阳村的经济发展基础薄弱。曾经建在村落和省级公路之间空地上的砖瓦厂因空气污染而被关闭之后，向阳村基本就丧失了自身非农经济发展的最主要支撑。

1. 经营主体与集体企业

2016 年，向阳村农民人均纯收入 2630 元。全村没有农业合作社、家庭农场、专业大户、农业企业、加工制造业企业和餐饮企业等任何企业。该村内部只有 2 个满足居民生活需要的小卖部。

向阳村曾有一间砖瓦厂，位于村落与村旁省道之间的空地上。部分村民可以在砖厂打工，2014 年的月工资 2500 元左右，2016 年、2017 年的月工资 3000 元左右。2017 年，因空气污染严重，砖瓦厂被取缔关停。以前，砖瓦厂每年给村委会上交 2 万元左右的集体用地租金。同时，砖瓦厂雇佣村里村外人员共计 100 人左右。目前，原经营砖瓦厂的商人计划在砖厂原址建造沥青搅拌厂，由于沥青搅拌厂是全自动生产，原先砖瓦厂的工人只能全部自谋职业，其中，一部分人转而去北京烧锅炉。

2. 农民合作社

向阳村的农业生产组织经营方式全部以家庭户为单位，不存在农户参加农业合作社的情况。

3. 农业生产

向阳村种植的粮食作物主要是谷子、土豆和玉米，主要养殖的牲畜是牛和羊。

谷子、土豆和玉米的耕作月份都在 5~8 月。2016 年，该村有谷子地 998.5 亩、亩产 400 公斤、每公斤市场均价 4 元，该村种植土豆的土地 580 亩、亩产 2000 公斤、每公斤市场均价 1.2 元，该村玉米种植面积 520 亩、亩产 350 公斤、市场均价每公斤 1.3 元。

2016 年，向阳村养殖了 46 头牛，但全没有出栏，平均每头牛毛重 300 公斤、市场均价 46 元 / 公斤。同年，向阳村养殖并出栏了 1400 只羊、市场均价 16 元 / 公斤。

第三节　社区发展

一　社区设施与公共服务

尽管经过了多年的建设、发展和完善，向阳村的社区基础设施和公共服务仍处于较低水平。

1. 道路

向阳村的通村道路是硬化路，路宽达 3.5 米，路长为 3.5 公里，其中未硬化路段 2 公里。村内其他道路主要是非硬化路，较为宽敞的路是简单粗糙的石子铺成的路，比较狭窄的路都是土路。村内部分主路配有可用路灯提供夜间照明（见图 3-2）。

图 3-2　向阳村内景

2. 电视通讯

向阳村村内有有线广播，村委会有联网电脑。全村没有电视机的家庭有 13 户，全村只有 5 户家庭有电脑和互联网。该村有线电视没有全覆盖，没有安装有线电视的家庭不在少数。全村家中既未通电话也没有手机的有 13 户。尽管手机的使用比较普遍，但是使用智能手机的人数仅为 260 人、占全村总人口的 29.6%。从通信状况看，手机信号能够 100% 覆盖全村。

3. 妇幼医疗保健

全村妇幼保健处于低水平状态。全村只有 1 个卫生室和 1 个具有行医资格证书的医生，只有 1 个具有行医资格的接生员。该村没有药店。当年该村未发生 0~5 岁儿童死亡事件，也没有发生孕产妇死亡事件或自杀事件。全村当前身患大病的居民有 8 人。村内没有敬老院，也没有老人在村外的敬老院居住。该村大龄未婚男性群体长期存在，笔者 2015 年调查时就发现该村老年未婚男性不愿意去镇上的敬老院，主要的原因是他们觉得住敬老院不自由。

4. 生活设施

向阳村生活设施尚属齐备。全村家庭户都接入民用电网，民用电的单价为 0.45 元 / 度，当年村里未发生停电事件。

村内有 3 个垃圾池和 3 个垃圾箱。垃圾池和垃圾箱数量不能完全满足村民需要，村内垃圾随意丢弃情况仍然存在，村内卫生环境仍有很大的改善空间。村内没有户用沼气池，也没有集中供应的自来水，但全部家庭都接了管道、用来接收山上挖井引来的泉水。向阳村长期缺水，历史上也曾经多次尝试打水井，但一直没能完全有效解决。目前，非干旱季节全村可以用到山上的山泉水，但是，旱季村民用水还需要去村外或雕鹗镇上取水。全村水窖 55 个，没有饮水困难户。

5. 居民住房

向阳村居民的户均宅基地面积达到了 350 平方米，没有违规占用宅基地的情况。全村住房较为老旧，砖瓦房和钢筋水泥房占所有住房的比例仅约为 40%，剩下的房屋基本为土坯房，个别土坯房的历史接近百年。危房户数达到 70 户，空置一年或更久的宅院有 53 处。向阳村位置偏僻，交通不便，该村只有外出在异地租房的家庭户，而没有在本村出租房屋的家庭户。整体上看，向阳村居民住房质量一般，住房建造年代整体而言相对久远。

图 3-3　向阳村某贫困户住房

6. 社会保障

向阳村社会保障情况与全国农村类似，新型农村合作医疗的参保比例较高，社会养老保险的参保比例较低。全村有 280 户参加新型农村合作医疗、占到全部家庭户的 82.1%，714 人参加了新型合作医疗，新型合作医疗缴费标准是 150 元 / 年人。全村有 200 户参加了社会养老保险、占到全部家庭户的 58.7%，600 人参加了社会养老保险。低保人数为 130 人，五保供养人数为 35 人，五保供养全部属于集中与分散供养相结合。

7. 农田水利

近年来，向阳村年平均降水量只有 70 毫米。该村主要的灌溉水源是雨水，正常年景下水源不能够得到保障。向阳村农田水利建设短板明显，成为制约该村脱贫的关键一环。全村没有排灌站，没有机电井和水渠，也没有生产用集雨窖。干旱季节，村民生活用水有时需要去村外或雕鹗镇上获得。

二 教育、科技与文化

1. 学前教育

向阳村共有 3~5 周岁儿童 35 人，其中 20 人没有上幼儿园、15 人在幼儿园上学。村里有 1 所幼儿园，其收费标准是 240 元 / 月。

2. 小学阶段教育

向阳村小学的全称是赤城宣钢向阳希望小学。[①] 最高年级是三年级，在校学生 31 人。四年级及以上的学生需要到雕鹗镇里的小学上学。向阳村小学只有 1 名公办教师，这位老师是本科学历，另有一位大专学历的非公办教师。

向阳村小学的校舍是 1995 年建造，校舍建筑面积 1000平方米。目前，校舍除了供教学使用外，村"两委"办公室也在该校内占用着空闲校舍。向阳村小学不为学生们提

---

① 宣钢（宣化钢铁集团有限责任公司）是国家重点大型钢铁企业。2007 年名列"中国制造 500 强企业"第 178 位，钢产量在全国钢铁行业名列 21 位。宣化是河北省张家口市市辖区。

图3-4 向阳村小学校园（1）

图3-5 向阳村小学校园（2）

供午餐。

　　向阳村没有中学，村民子弟需去6公里之外的雕鹗镇中学上学。在调查时点，全村共有15人在雕鹗镇中学上学。这15名学生全部住校，其中，女生9人、占60%。雕鹗镇中学提供午餐。

　　3.科技与文化

　　向阳村的科技与文化设施相对齐全，但其利用状况不佳。向阳村没有农民文化技术学校，没有举办过农业技术讲座，没有村民参加过农业技术培训，也没有村民是获得县以上证书的农业技术人员。没有村民参加过职业技术培训。村里有1个图书室，没有棋牌活动场所。村内有1个老年社团和2处教堂或寺庙等宗教活动场所。宗教活动场所的场地面积有200平方米，藏书300册，月均使用人数20人次。村内有体育健身场所1个，建设和维护费用为社会捐助。

三 村庄治理、基层民主与社会稳定

1. 村庄治理结构

向阳村党员年龄结构偏大，文化程度构成较低。全村仅有23名中国共产党党员，其中，50岁以上党员15人、占65.2%，高中及以上文化程度党员5人、占21.7%。

向阳村治理结构尚不完善。该村没有党员代表，村"两委"党员人数6人，党小组2个。村支部委员人数6人，村民委员会人数6人，村"两委"交叉任职人数6人。村民代表12人，其中属于村"两委"人数2人。村里没有村务监督委员会，也没有民主理财小组。

2. 村"两委"和最近两届村委会选举情况

村"两委"共6人，全部是交叉任职，既是村委会委员，又是村党支部委员。现任村委会书记万清于2015年担任向阳村支部书记。2015年村委会选举，有选举权的村民人数为730人，实际参选人数为650人，村主任得票数是500票。投票期间，设有秘密划票间。万清是书记和主任一肩挑。选举期间，搞了大会唱票选举，投票没有发钱发物，选举也没有采取流动投票。

3. 社会稳定

向阳村社会稳定情况整体较好。2016年未发生打架斗殴事件、偷盗事件、抢劫事件，也没有村民被判刑、接受治安处罚或上访。

图3-6　向阳村村"两委"办公场所

第四节　村集体财务与公共建设及农民集资概况

一　村集体财务

基于财务数据的敏感性和数据可获得性，课题组依据调查村问卷的信息对村集体财务状况进行简要描述和分析，在此基础上结合赤城县政府网站公开发布的数据进行补充。

1. 村集体财务收支

向阳村财务收入：2016年，村里修建水利集资1000元。村财务支出：2016年，村干部工资3000元，水电等办公费1000元，订报刊费300元。

2. 村集体债权债务

村集体负债主要是欠村民小组干部务工损失费1000元。

3. 村集体资产

据万清主任介绍，向阳村的办公房屋设施的建筑面积为100平方米，位于小学校内。村集体没有未承包到户的集体耕地面积、集体山场面积或其他集体资产。

课题组通过赤城县政府网站公开资料查询到了向阳村从各级财政获得的拨款或补助的部分信息。比如，2017年，向阳村1眼机井水利配套项目17万元，主要来自中央水利发展资金和河北省配套资金。根据《赤城县"十三五"扶贫开发规划》，"十三五"期间，赤城县将给向阳村街道硬化工程投资19.25万元（建筑面积2750平方米，每平方米投资70元），将给向阳村的"赤城县贫困村光电网络通村工程"补助31500元。一定程度上，这些碎片化信息能够弥补村问卷提供的村集体财务状况的不足。

二　公共建设与农民集资

1. 公共建设（2015年以来）

2016年8月，向阳村安装太阳能灯17盏，其中，上级（县财政局）拨款 54000 元，村民集资 6400 元。

2. "一事一议" 筹资筹劳开展情况（2015 年以来）

事项内容：村内小型农田水利基本建设；通过方式：党支部或村委会决定；建设开始时间：2016 年 6 月；建设结束时间：2016 年 12 月；出资出劳户数：220 户；户均筹劳数量：1 个；户均筹资金额：30 元；政府补助：现金 50000 元；物资折合 4620 元。

第五节　建档立卡贫困户、发展干预与驻村扶贫队概况

一　建档立卡贫困人口

1.2014 年

2014 年，向阳村建档立卡贫困户有 286 户、520 人，其中，因病致贫人口 50 人、占全部贫困人口的 9.6%，因学致贫人口 30 人、占 5.8%，因缺劳动力致贫人口 100 人、占 19.2%。

2.2015 年

2015 年，向阳村建档立卡贫困户有 227 户、467 人，其中，因病致贫人口 50 人、占全部贫困人口的 10.7%，因学致贫人口 30 人、占 6.4%，因缺劳动力致

贫人口80人、占17.1%。与2014年相比，调出贫困户数（调整为非贫困户)46户，调出贫困人口数112人；调入贫困数（调整为贫困户）60户，调入贫困人口数120人。

3.2016年

2016年，向阳村建档立卡贫困户有188户、407人。与2015年相比，调出贫困户数（调整为非贫困户）43户，调出贫困人口数73人；调入贫困数（调整为贫困户)4户，调入贫困人口数13人。

4.2017年

2015年调入贫困户60户，目前都没有退出。2017年退出的115户贫困户，都是2013年、2014年调入的贫困户。

二 发展支持

1.2015年

饮水安全方面：2015年，向阳村为364户家庭新建自来水入户设施设备，总投资3万元，全部来自群众自筹。课题组对这一点存疑，赤城县政府网站公开文件显示，2017年，向阳村获得1眼机井水利配套项目17万元，主要来自中央水利发展资金和河北省配套资金。

文化建设方面：建设村文化活动室，总投资2万元。

信息化方面：5户家庭办理了宽带入户，每家1000元，全部来自群众自筹。

2.2016 年

2016 年，向阳村为 11 户家庭进行了危房改造，总投资 8.36 万元，全部来自财政专项扶贫资金。信息化方面，手机信号覆盖范围 100%。

3.2017 年

2017 年上半年，雕鹗镇将部分扶贫款以投资名义入股张家口市鸿基矿业木业公司，以利于村民最后的分红。但是，2017 年下半年，张家口市扶贫办下来调查并阻止了这一操作。万清书记说："扶贫款没有项目，国家款没有动。以前，为了解决吃水难问题，县里税务局打了好几眼机井，都没有打上水来。2016 年，我打了一眼机井，已经出了水了，但是老百姓没有钱安装配套入户。2017 年 4~5 月份干旱，大队村干部筹了资金 1 万多元。通过自己改造，现在向阳村村民吃的是山泉水的自来水，在非旱季，家家户户都能吃上山泉水。"

2016 年，谷子地一亩地补 400 元，土豆、马铃薯地一亩地补 500 元，西葫芦地也是一亩补 500 元。这些补贴是扶贫办给补的，种植补贴一户最多不能超过 10 亩。户主提供身份证和卡号，上级扶贫办直接打给被补贴户的银行卡上。

扶贫措施主要是土地种植补贴、低保和五保户补助。向阳村村民能享受金融贷款，但全部贷款都是村民为了给儿子娶媳妇、在怀来县或张家口市、赤城县买楼的贷款。向阳村没有村民得到过发展生产的贷款。

三 第一书记和扶贫工作队

2016年2月，上级选派启明同志任向阳村第一书记。启明，男，1962年生，大学本科学历，在张家口市第五医院工作。据万清书记介绍，第一书记最近半年在村工作120天，在村居住120天，作为帮扶责任人联系227家贫困户，到过其中50家贫困户。第一书记主要帮助贫困户制定脱贫计划。2016年对第一书记的考核结果等级为合格（称职）。村"两委"对第一书记工作满意程度评价为"满意"。

扶贫工作队队员全部来自张家口市第五医院，工作队员最近半年平均在村工作120天，在村平均居住120天。工作队员作为扶贫责任人联系了227户贫困户，工作队员到过的贫困户家有178户、占其作为责任人联系的贫困户的78.4%。工作队队员主要负责重新识别贫困户和诊断致贫原因等工作。村委会对工作队员工作满意程度是"部分满意"，工作队队长是第一书记启明同志。

2017年，驻村扶贫队帮助向阳村村委会支付了电费，并提供了价值1000元的燃煤。给34个小学生买了书包和文具，给了村里每个五保户60~70元钱，总计资助金额接近15000元。驻村扶贫队每个周末都留一个人在村值班。据万清书记介绍，驻村扶贫队可能会有变动，其他单位的会继续来驻村扶贫。河北省的或张家口市的住建局和城建局给雕鹗镇别的村扶贫时，都是给40万~50万元的扶贫项目，而截至调查时点，向阳村驻村扶贫队的主要帮扶措施就是打机井、打自来水井和安装村内路灯。

第四章

向阳村贫困户的生活现状分析

本章基于《精准扶贫精准脱贫百村调研住户调查问卷》（调查年度：2016年）数据，从家庭或家庭户概况、住房条件、生活状况、医疗与健康、安全与保障、劳动与就业、政治参与、社会联系、时间利用和子女教育等十个方面对向阳村贫困户的生活现状进行描述分析，并与非贫困户进行比较。

第一节　家户概况

针对家庭或家庭户的分析，聚焦向阳村贫困户的家庭规模、家庭结构，家庭成员（主要分析户主）的婚姻、受教育程度、健康状况、劳动自理能力、务工和社会保障等方面。

一 婚姻家庭

（一）家庭规模与家庭结构

家庭规模和家庭结构不仅是家庭的两项基本特征，一定程度上，家庭功能也受其深刻影响。当家庭功能发生问题的时候，家庭贫困现象可能因之发生。通常来讲，单亲家庭或缺损核心家庭（子女和父母一方组成的家庭）、隔代家庭（祖辈和孙辈组成的家庭）、空巢家庭等要比其他结构类型的家庭更可能陷入贫困。

2010 年全国第六次人口普查公报显示，大陆平均每个家庭户的人口为 3.1 人。问卷调查数据显示，2016 年底，向阳村的平均家庭规模是 2.9 人。据此推测，向阳村的家庭规模不会超过全国平均水平。数据分析显示，向阳村家庭规模结构以 2 人户（33.33%）的占比最大，4 人户（占比 28.33%）、3 人户（占比 18.33%）和 1 人户（占比 11.67%）是占比排在 2~4 位的家庭规模类型，5 人家庭和 6 人家庭的占比都很小，分别为 5% 和 3.33%（见图 4-1）。

概括而言，向阳村的家庭规模类型以小型家庭为主，大家庭很少。在贫困地区农村，一般来说，较小的家庭规

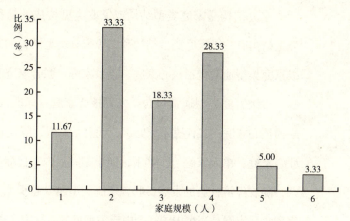

图 4-1　向阳村家庭规模构成

资料来源：精准扶贫精准脱贫百村调研 – 向阳村调研。

说明：本书统计图表，除特殊标注，均来自向阳村调研。

模是和比较有限的家庭经济条件相联系的，即比较薄弱的家庭经济基础决定了小家庭盛行、大家庭稀少。调查数据证实了这一判断。向阳村每个贫困户家庭平均有 2.3 人，而每个非贫困户家庭平均有 3.5 人，前者比后者少 1.2 人。16.67% 的贫困户是单人户，而非贫困户的单人户比例仅为 6.67%。从 4 人及以上大家庭的占比看，贫困户只有13.33%，而非贫困户则达到了 60%（见表 4–1）。

表 4-1　向阳村家庭规模构成

单位：%

家庭规模	贫困户	非贫困户
1 人	16.67	6.67
2 人	50	16.67
3 人	20	16.67
4 人	13.33	43.33
5 人	0	10
6 人	0	6.67

家庭结构是家庭类型结构或家庭类型构成的简称。家庭类型结构有一级家庭类型结构和二级家庭类型结构的区分。一级家庭类型通常包括核心家庭、直系家庭、联合家庭和单人家庭。二级家庭类型通常包含：夫妻核心家庭、标准核心家庭、缺损核心家庭；二代直系家庭、三代直系家庭、隔代直系家庭；联合家庭；单人家庭 [①]。其中，囿于家庭代内和代际关系的复杂，随着经济社会的发展，联合家庭类型越来越少见。核心家庭和直系家庭是当今中国社会中最为常见的两种家庭类型。

1. 一级家庭类型结构

调查数据显示，向阳村的家庭类型结构以核心家庭为主，核心家庭的比例达到了 68.34%，直系家庭也达到了 20%，没有联合家庭的情况发生，单人户的比例也很高，达到 11.67%（见图 4-2）。2010 年全国人口普查数据显示，乡村 1 人户的

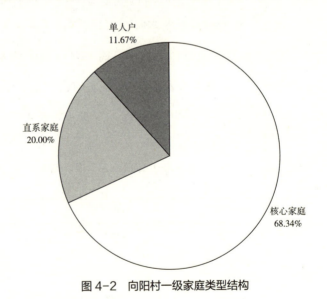

图 4-2　向阳村一级家庭类型结构

① 王跃生:《中国当代家庭结构变动分析——立足于社会变革时代的农村》，中国社会科学出版社，2009。

比例达到了 12.44%，农村单身户的比例为 11.79%，核心家庭（一代核心户和二代核心户）占比达到 54.84%，直系家庭（二代户剔除二代核心户和三代户）占比达到 30.49%[①]。与之相比，向阳村单人户的比例与全国情况十分接近，但核心家庭占比偏高且直系家庭占比偏低。出现这种情况的原因很可能与调查抽样有关，贫困户和非贫困户分别抽 30 户调查，而全国家庭户构成不会是一半贫困户一半非贫困户。

贫困户和非贫困户的核心家庭比例差距不大，分别达到了 70% 和 66.67%。非贫困户的直系家庭占比明显超过贫困户，但单人户占比明显低于贫困户（见表 4-2）。这再次直观展现了家庭规模、家庭结构与家庭贫困发生之间的联系。也就是说，与非贫困户相比，贫困户家庭经济条件较差，维持更大家庭规模、直系家庭的难度更大，而保持更小家庭规模、单人户的情况更容易发生。据笔者 2010 年以来在赤城县调研了解和对此次问卷的研究分析，贫困户中的单人户绝大部分是大龄未婚男性。大龄未婚男性的产生与存在和家庭贫困、区域贫困等关系密切。

表 4-2 向阳村一级家庭类型结构

单位：%

一级家庭类型结构	贫困户	非贫困户
核心家庭	70	66.67
直系家庭	13.33	26.67
单人户	16.67	6.67
合计	100	100

① 胡湛、彭希哲：《中国当代家庭户变动的趋势分析——基于人口普查数据的考察》，《社会学研究》2014 年第 3 期。

2. 二级家庭类型结构

标准核心家庭、夫妻核心家庭是向阳村最主要的两类家庭类型，二者的占比分别达到了35%和31.67%，二者合计占比达到了2/3。占比紧随其后的家庭类型是三代直系家庭（15%）和单人户（11.67%）。其他家庭类型的占比都很小（见图4-3）。

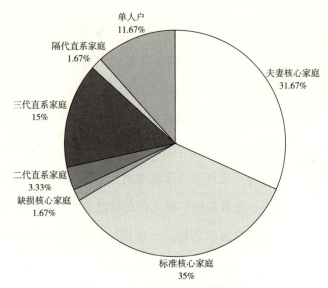

图4-3 向阳村二级家庭类型结构

贫困户和非贫困户的二级家庭类型结构存在显著差别。贫困户以夫妻核心家庭为主（占比达到50%），非贫困户以标准核心家庭为主（占比达到50%）。另外，比较突出的特征是，非贫困户三代直系家庭的占比较高（26.67%）、贫困户单人户的占比较高（16.67%）（见表4-3）。

表 4-3　向阳村二级家庭类型结构

单位：%

二级家庭结构	贫困户	非贫困户
夫妻核心家庭	50	13.33
标准核心家庭	20	50
二代直系家庭	6.67	0
三代直系家庭	3.33	26.67
隔代直系家庭	3.33	0
单人户	16.67	6.67
缺损核心家庭	0	3.33
合计	100	100

据笔者问卷调查和质性访谈情况看，贫困户中的夫妻核心家庭绝大多数是老年人空巢家庭，贫困户中的单人户也主要是中老年单身汉，由于家庭缺乏劳动力、自身年老体弱，这两类人群是村落中比较典型的弱势群体，他们发生贫困或陷入贫困境地的可能性更大。

（二）婚姻状况

调查数据从婚姻方面证明了贫困户中单人户的比例较大、单人户中"光棍"比例较大的实际情况。比如，调查显示，13.33% 的贫困户户主属于未婚，户主属于丧偶、未婚的占贫困户总数的 20%（见表 4-4）。

表 4-4　向阳村户主婚姻状况

单位：%

婚姻状况	贫困户	非贫困户	总体
已婚	80	86.67	83.33
未婚	13.33	6.67	10
丧偶	6.67	6.67	6.67
合计	100	100	100

二 教育与健康

人力资本是体现在人身上的资本，即对生产者进行教育、职业培训等支出及其在接受教育时的机会成本等的总和，表现为蕴含于人身上的各种生产知识、劳动与管理技能以及健康素质的存量总和。一定程度上，人力资本对贫困是否发生以及贫困程度有重要影响。

教育是人力资本的直观体现，教育不足导致人力资本劣势，而人力资本劣势是个体贫困、家庭贫困的重要诱因。因此，一定程度上，教育能够解释贫困的发生。调查数据显示，向阳村村民（户主）整体受教育水平不高，80%没有上过初中，贫困户和非贫困户户主的受教育程度都比较低（见表4-5）。

表4-5 向阳村户主受教育水平

单位：%

受教育水平	贫困户	非贫困户	总体
文盲	20	13.33	16.67
小学	60	66.67	63.33
初中	16.67	16.67	16.67
高中	3.33	0	1.67
中专（职高/技校）	0	3.33	1.67
合计	100	100	100

健康也是人力资本的重要组成，健康素质是个体生活生产的基础性条件。贫困并不和健康素质差存在关系，但健康素质不好会直接影响个体的生活质量和生产效率，从而影响个体贫困或家庭贫困的发生。调查数据显示，非贫

困户和贫困户户主的健康状况存在显著差异。贫困户户主属于身体健康的只占1/3，而非贫困户的相应比例则高达80%。长期慢性病和患有大病的贫困户户主占比明显多于非贫困户（见表4-6）。

表4-6 向阳村户主健康状况

单位：%

健康状况	贫困户	非贫困户	总体
健康	33.33	80	56.67
长期慢性病	56.67	16.67	36.67
患有大病	10	3.33	6.67
合计	100	100	100

劳动、自理能力与健康状况有直接关系。调查显示，向阳村贫困户户主和非贫困户户主在劳动、自理能力方面存在显著差异。贫困户户主中，普通全劳动力的占比只有26.67%，非贫困户中普通全劳动力的占比则高达63.33%，而贫困户户主为无劳动能力但有自理能力的占比为23.33%，非贫困户中的相应比例仅为3.33%（见表4-7）。劳动、自理能力的欠缺或不足是贫困户陷于贫困的重要原因。

表4-7 向阳村户主的劳动、自理能力

单位：%

劳动、自理能力	贫困户	非贫困户	总体
普通全劳动力	26.67	63.33	45
技能劳动力	0	10	5
部分丧失劳动力	50	23.33	36.67
无劳动能力但有自理能力	23.33	3.33	13.33
合计	100	100	100

三　工作收入

当下农民在农闲或常年在外务工的情况很常见。作为贫困地区的贫困村，向阳村村民每年外出务工的时间不算很长。调查显示，被调查的户主在家时间超过 6 个月的比例达到了 80%，也就是说，向阳村的所有家庭户户主中，只有 20% 每年在外务工超过半年。从贫困户和非贫困户的比较看，贫困户户主在家待的时间更长，外出务工的时间更短，比如，贫困户户主在家超过 6 个月的比例达到了 83.33%（见表 4-8），没有外出务工的时间达到了 56.67%（见表 4-10）。贫困户户主在家务农的比例高达 80%，而非贫困户户主在家务农的比例略低，达到 60%（见表 4-9）。

表 4-8　向阳村户主在家时间

单位：%

在家时间	贫困户	非贫困户	总体
3 个月以下	13.33	13.33	13.33
3~6 个月	3.33	10	6.67
6~12 个月	83.33	76.67	80
合计	100	100	100

那么，向阳村村民主要在哪里务工呢？调查显示，贫困户户主的务工地主要在乡镇内、县外省内和省外，其中在乡镇内占务工地点（除了在家务农之外）的比例为 50%，在县外省内或省外务工的比例为 50%。非贫困户户主在省外务工的比例更高，达到了全部务工地点（除了在家务农之外）的 2/3（见表 4-9）。

表4-9 向阳村户主的务工地点状况

单位：%

务工状况	贫困户	非贫困户	总体
乡镇内务工	10	6.67	8.33
乡镇外县内务工	0	6.67	3.33
县外省内务工	3.33	0	1.67
省外务工	6.67	26.67	16.67
在家务农	80	60	70
合计	100	100	100

表4-10 向阳村户主的务工时间

单位：%

务工时间	贫困户	非贫困户	总体
3个月以下	33.33	13.33	23.33
3~6个月	6.67	20	13.33
6~12个月	3.33	23.33	13.33
无	56.67	43.33	50
合计	100	100	100

据 2010 年以来笔者在赤城县部分乡镇和村落的调研经验看，当地农民主要在北京、天津、河北、东北、内蒙古和山西等地务工，其中，在北京烧锅炉是当地人一项典型的外出务工表现。北京供暖季节从 11 月中旬到次年 3 月中旬，时间长度为 4 个月。因此，当地村民进京烧锅炉也存在显著的周期性特征。另外，赤城县、向阳村地处北方，冬季漫长且十分寒冷，自然环境条件局限也是包括向阳村在内的诸多村庄深陷贫困泥潭的重要客观原因。

另外，从务工收入分配看，贫困户和非贫困户也存在一定的差别。贫困户户主不把收入带回家的占比要高出非贫困户 10 个百分点（见表 4-11）。这其中的原因应该很复杂。贫困户户主在外务工收入不高是最可能的原因之一，另外，贫困户被调查对象中单人户的比例较多，也会对此产生影响，即贫困户中的单人户户主就是唯一的家庭成员，他们没有必要将务工收入带回家。

表 4-11　向阳村户主的务工收入是否带回家

单位：%

务工收入是否带回家	贫困户	非贫困户	总体
是	43.33	53.33	48.33
否	56.67	46.67	51.67
合计	100	100	100

概言之，无论是贫困户户主还是非贫困户户主，总的看来，向阳村村民外出务工的比例不大，外出务工的时间不长，外出务工收入带回家的比例也不高。这些因素共同作用，导致了向阳村非农收入不多，长期深陷低水平收入陷阱，无法摆脱贫困的束缚。

四　社会保障

社会保障被视为社会的安全阀，对民生发展起到兜底作用。当村民陷入贫困境地时，医疗保障和养老保障能够在一定程度上缓解贫困带来的负面生活影响。调查显示，被调查家庭的户主全部参加了新农村合作医疗保险，除了2个贫困户和3个非贫困户没有任何养老保险之外，其他全部都有城乡居民统一养老保险，并且贫困户和非贫困户也不存在明显的区别。从覆盖面上看，向阳村村民基本上被新农合医疗保险和城乡统一养老保险全覆盖。但是，向阳村村民的社会保障水平很低，当然，这也是当前我国农村普遍存在的实际情况，它并不为向阳村所独有。

五　住房条件

住房是家庭成员生活的基础设施，住房也是人们安居乐业的前提。这里主要从住房满意度及拥有状况和居住状况两大方面详细描述向阳村贫困户和非贫困户的住房条件，考察住房条件与住房满意度的关系。

（一）住房满意度及拥有状况

1.住房满意程度

总体看来，向阳村村民的住房满意程度不高，没有村民对住房感到非常满意，只有 26.67% 的村民感到比较满意，不太满意和很不满意的合计比例达到了 30%。贫困户和非贫困户的住房满意程度没有表现出显著差异（见表4-12）。

表 4-12　向阳村家庭户住房满意程度

单位：%

住房满意程度	贫困户	非贫困户	总体
非常满意	0	0	0
比较满意	23.33	30	26.67
一般	50	36.67	43.33
不太满意	20	20	20
很不满意	6.67	13.33	10
合计	100	100	100

2. 住房数量

向阳村被调查家庭没有住房的情况很少，只占 3.33%。90% 的家庭有 1 套住房，5% 的家庭有 2 套房子（见表 4-13）。其中，被调查的 1 户贫困户家庭有 3 套住房，除了自己居住的房子之外，另外 2 套都是 1973 年建造的土瓦房，造价均为 300 元。

表 4-13　向阳村家庭户住房数量

单位：%

住房数量	贫困户	非贫困户	总体
0	6.67	0	3.33
1	83.33	96.67	90
2	6.67	3.33	5
3	3.33	0	1.67
合计	100	100	100

（二）当前居住状况

1. 住房来源

与城市截然不同，农村不存在城市中常见的商品房、福利分房、经济适用房、集资房等住房类型，农村居民可以在宅基地上盖房，几乎不存在没有自有住房的情况。向阳村住房绝大多数属于家庭自有，非贫困户住房全部为自有，贫困户住房自有比例略低，住房来源为租用或其他情况的也全部是贫困户（见表 4-14）。

表 4-14 　向阳村家庭户住房来源

单位：%

住房来源	贫困户	非贫困户	总体
自有	93.33	100	96.67
租用	3.33	0	1.67
其他	3.33	0	1.67
合计	100	100	100

2. 住房建筑年份

住房的建筑年代是反映房屋质量和建造花费的一种表现。调查数据显示，总体看来，非贫困户的住房建筑年份更晚，贫困户的住房建筑年份更早。比如，贫困户住房是1980 年之前建造的频数更多，而非贫困户住房在 1995 年之后建造的频数更多（见图 4-4）。

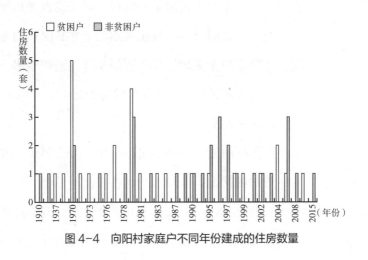

图 4-4 　向阳村家庭户不同年份建成的住房数量

3. 住房建筑费用

住房建筑费用能够更加直接地体现住房质量和家庭经济状况。调查数据显示，向阳村贫困户的住房建筑费用平均为 0.95 万元，非贫困户的住房建筑费用平均为 1.57 万元，非贫困户的住房平均建筑费用是贫困户的 1.65 倍。另外，非贫困户住房建筑费用的最大值是 10 万元，而贫困户住房建筑费用的最大值仅为 6 万元（见表 4-15）。

表 4-15　向阳村家庭户住房建筑费用

单位：万元

住房建筑费用	均值	样本数	标准差	最小值	最大值
贫困户	0.954643	28	1.502863	0.01	6
非贫困户	1.572333	30	2.341629	0.03	10
合计	1.274138	58	1.989099	0.01	10

这里的建筑费用只是名义上的建筑费用，不同年代的物价不一，建筑年代越早的住房，名义建筑费用越低。一般情况下，贫困户住房建筑费用低于非贫困户的主要原因就在于贫困户更多地居住于更早年代建造的老房子，而非贫困户更多地居住于更晚年代建造的房子。

4. 住房类型

向阳村的绝大多数住房是平房，楼房很少。贫困户没有住楼房的情况，非贫困户的住房类型是楼房的比例也很小（见表 4-16）。仅仅从住房类型上看，并不能全面反映住房的实际情况，住房状况（是否为危房）、住房建筑材料、住房建筑面积、住房中的设施设备等也是必须仔细分析的方面。

表 4-16　向阳村家庭户的住房类型

单位：%

住房类型	贫困户	非贫困户	总体
平房	100	96.67	98.33
楼房	0	3.33	1.67
合计	100	100	100

5. 住房状况

整体看来，向阳村家庭住房状况较差，政府认定为危房的比例达5%，没有认定但属于危房的比例高达36.67%。与常识一致，贫困户的住房状况要明显差于非贫困户。政府认定危房的比例，贫困户是非贫困户的2倍，贫困户住房没有认定但属于危房的比例也比非贫困户高13.33个百分点（见表4-17）。

表 4-17　向阳村家庭户的住房状况

单位：%

住房状况	贫困户	非贫困户	总体
状况一般或良好	50	66.67	58.33
政府认定危房	6.67	3.33	5
没有认定，但属于危房	43.33	30	36.67
合计	100	100	100

6. 住房建筑材料

向阳村的住房建筑材料比较简单，主要是竹草土坯和砖瓦砖木两类，两类也占比基本一致。2/3的贫困户住房的建筑材料为竹草土坯，剩下1/3的贫困户住房的建筑材料为砖瓦砖木，非贫困户的情况与贫困户恰好相反（见表4-18）。不难发现，总体看来，贫困户住房建筑材料要比非贫困户的差。

表4-18　向阳村家庭户住房建筑材料

单位：%

住房建筑材料	贫困户	非贫困户	总体
竹草土坯	63.33	33.33	48.33
砖瓦砖木	36.67	66.67	51.67
合计	100	100	100

7. 住房建筑面积

贫困户的平均住房面积要比非贫困户小约10平方米。非贫困户的住房建筑面积平均达到了68.92平方米，而贫困户的住房平均面积为58.28平方米，贫困户住房建筑面积更小。从住房面积的最大值看，非贫困户为127.5平方米，贫困户为90平方米（见表4-19）。

表4-19　向阳村家庭户住房建筑面积

单位：平方米

住房建筑面积	均值	样本数	标准差	最小值	最大值
贫困户	58.28	29	24.1748	15	90
非贫困户	68.92	30	21.7121	30	127.5
合计	63.69	59	23.38009	15	127.5

8. 取暖设施

作为典型的北方农村，向阳村最主要的取暖设施就是炕。炕既能烧火做饭，又能暖屋。向阳村90%的家庭依靠炕作为取暖设施。其中，贫困户以炕为最主要取暖设施的比例高达96.67%，非贫困户的比例也有83.33%。炉子的使用比例明显少于炕，非贫困户使用炉子的比例是贫困户的5倍（见表4-20）。贫困户与非贫困户在取暖设施选择上的差别有其经济原因。炉子主要靠燃烧煤获取热源，而炕的燃料是植物根茎和枝叶等，这些燃料价格更为低廉。这也是贫困户更多使用炕、非贫困更多使用炉子的主要原因。

表4-20　向阳村家庭户最主要取暖设施

单位：%

最主要取暖设施	贫困户	非贫困户	总体
炕	96.67	83.33	90
炉子	3.33	16.67	10
合计	100	100	100

9. 沐浴设施

在农村，沐浴设施能够有效地反映生活水平。向阳村村民的家中几乎没有沐浴设施，贫困户家庭全部没有沐浴设施，6.67%的非贫困户家庭使用太阳能沐浴设施（见表4-21）。

表4-21　向阳村家庭户沐浴设施

单位：%

沐浴设施	贫困户	非贫困户	总体
无	100	93.33	96.67
太阳能	0	6.67	3.33
合计	100	100	100

10. 宽带互联网

我国城市和大部分农村地区，宽带互联网已经成为人民生活中必不可少的组成部分，使用宽带互联网极大地增进了人民群众的生活便利、提升了人民群众的生活水平。然而，向阳村村民家庭中有宽带互联网的比例仅为5%，其中，非贫困户的比例也仅为 6.67%，是贫困户的 2 倍（见表 4-22）。宽带互联网的极低使用比例是向阳村深陷贫困状态的重要原因。这种情况一定程度上表明了向阳村的信息闭塞。

表 4-22　向阳村家庭户宽带互联网使用概况

单位：%

宽带互联网	贫困户	非贫困户	总体
有	3.33	6.67	5
无	96.67	93.33	95
合计	100	100	100

11. 入户道路类型

入户路是村民住房连接村落主干道的"毛细血管"。水泥或柏油路占向阳村全部入户路的 56.67%，泥土路的占比还高达 38.33%（见表 4-23）。雨雪天气下，泥泞的泥土路更会加重村民的出行难问题。贫困户的入户路类型构成明显比非贫困户差，贫困户入户路为泥土路的比例占到50%、水泥或柏油路占到 43.33%，而非贫困户的相应比例则分别为 26.67% 和 70%。

表 4-23　向阳村入户路类型

单位：%

入户路类型	贫困户	非贫困户	总体
泥土路	50	26.67	38.33
砂石路	6.67	3.33	5
水泥或柏油路	43.33	70	56.67
合计	100	100	100

12. 饮用水源

向阳村村民的最主要饮用水源全部为经过净化处理的山泉水。向阳村管道供水条件较好,90% 的贫困户享受了管道供水入户,另外 10% 的贫困户也可以享受在公共取水点的管道供水(见表 4-24)。

表 4-24　向阳村家庭户管道供水状况

单位:%

供水状况	贫困户	非贫困户	总体
管道供水入户	90	96.67	93.33
管道供水至公共取水点	10	3.33	6.67
合计	100	100	100

13. 最主要炊事用能源

向阳村贫困户和非贫困户在最主要炊事用能源方面存在显著差异。贫困户最主要的炊事用能源是柴草,没有贫困户使用煤炭或电作为炊事能源。非贫困户的情况则很不一样。3.33% 的非贫困户的最主要炊事用能源是煤炭,另有 16.67% 的非贫困户使用电来作为日常生活中的做饭能源(见表 4-25)。对贫困户而言,用煤炭,特别是用电来做饭是一项比较罕见的行为。

表 4-25　向阳村家庭户最主要炊事用能源

单位:%

最主要炊事用能源	贫困户	非贫困户	总体
柴草	100	80	90
煤炭	0	3.33	1.67
电	0	16.67	8.33
合计	100	100	100

14. 厕所类型

厕所类型能够反映农村家庭户的生活条件和生活水平。向阳村贫困户和非贫困户的厕所都以传统旱厕为绝对主流，卫生厕所的占比都为 6.67%（见表 4-26）。在厕所类型方面，被调查的贫困户和非贫困户之间不存在差别。

表 4-26　向阳村家庭户厕所类型

单位：%

厕所类型	贫困户	非贫困户	总体
传统旱厕	93.33	93.33	93.33
卫生厕所	6.67	6.67	6.67
合计	100	100	100

15. 生活垃圾处理

生活垃圾处理是困扰很多农村地区的一个大问题。调查数据显示，向阳村生活垃圾处理的问题特别严重。定点堆放垃圾的家庭户只占全部被调查家庭户的 3.33%。在生活垃圾处理方面，贫困户和非贫困户基本一致，随意丢弃的都占到 96.67%。

16. 生活污水排放

调查显示，向阳村家庭户的生活污水排放主要通过院外沟渠和随意排放两种方式，其中，院外沟渠排放占21.67%、随意排放占到 78.33%。贫困户和非贫困户的生活污水排放方式存在微小差别，非贫困户随意排放生活污水的比例更大（86.67%）、贫困户院外沟渠排放的比例更大（30%）。

第二节 生活状况与感受

生活状况部分包括了收入与支出、家庭财产状况、生活评价和环境条件等四大部分。收入与支出是家庭维持日常生活的基本信息。

一 收入与支出

（一）收入

1.2016年家庭纯收入和家庭人均纯收入

（1）家庭纯收入

纯收入是指住户当年从各个来源得到的家庭总收入扣除有关费用支出后，最终归农村居民所有的收入总和。调查显示,2016年向阳村家庭纯收入达到了14604元。其中，贫困户的家庭纯收入为10010元，非贫困户的家庭纯收入为19198元。贫困户的家庭纯收入是非贫困户的50%多一点。

表4-27 2016年向阳村家庭纯收入

单位：元

家庭纯收入	均值	样本数	标准差	最小值	最大值
贫困户	10009.92	30	5578.035	2300	21840
非贫困户	19197.67	30	14236.89	1600	60450
合计	14603.79	60	11678.26	1600	60450

（2）家庭人均纯收入

家庭人均纯收入数据是通过住户记账、抽样统计的方式获得，通常只能在省、国家两个层面具有统计代表性。因此，村民人均纯收入一般都是估计数据。2017年6月23日，习近平总书记《在深度贫困地区脱贫攻坚座谈会上的讲话》谈道，河北省的调查显示，深度贫困县人均可支配收入5928元，只有全省平均水平的49.7%。

调查显示，向阳村的贫困户人均纯收入只有4399元，与河北省深度贫困县人均可支配收入5928元相比，更低，非贫困户人均纯收入也只有5340元，同样没有达到深度贫困县人均可支配收入5928元（见表4-28）。如何认识这样的情况？一方面，如果调查真实有效的话，那么向阳村应属于深度贫困县中的深度贫困村；另一方面，如果调查数据不够真实准确，被调查对象在收入问题上的回答都有保留或偏少，那么该数据只适合用来比较向阳村的贫困户和非贫困户。

表4-28　2016年向阳村家庭人均纯收入

单位：元

人均纯收入	均值	样本数（人）	标准差	最小值	最大值
贫困户	4399.136	30	1699.061	766.67	8250
非贫困户	5340.056	30	3209.679	900	13415
合计	4869.596	60	2589.93	766.67	13415

据向阳村万清书记介绍，赤城县的贫困线是人均年收入在3800元以下，住户问卷调查得出的贫困户人均纯收

入 4399 元超过了赤城县标准，但没有超过河北省深度贫困线 5928 元的标准。如何解释这种情况的出现？一种可能是调查不准确；另一种可能是调查准确，但"精准扶贫"出现问题、"精准识贫"不精准，被扶贫的贫困户并不属于家庭人均收入在贫困线以下的情况。向阳村的情况究竟是哪一种，仍须深入考察和分析。

2. 分项净收入

调查数据显示，向阳村的贫困户和非贫困户都没有工资性净收入，农户的家庭分项收入主要包括农业经营净收入、非农业经营净收入、低保金收入和补贴性收入。调查显示，贫困户的家庭农业经营净收入、非农业经营净收入都要低于非贫困户，但是，贫困户的低保金收入和补贴性收入都要高于非贫困户。2016 年，向阳村家庭农业经营净收入为 3332 元，其中，贫困户为 2547 元、非贫困户为 4117 元（见表 4-29）。

表 4-29　2016 年向阳村家庭农业经营净收入

单位：元

农业经营净收入	均值	样本数	标准差	最小值	最大值
贫困户	2546.67	30	1872.254	0	8000
非贫困户	4116.67	30	2400.012	-300	7800
合计	3331.67	60	2276.147	-300	8000

向阳村家庭非农业经营净收入主要来自务工或打工。2016 年，向阳村家庭非农业净收入为 8462 元，是家庭农业净收入 3332 元的 2.54 倍。其中，贫困户家庭非农业经

营净收入为 4163 元，仅占非贫困户 12760 元的 32.6%（见表 4-30）。

表 4-30　2016 年向阳村家庭非农业经营净收入

单位：元

非农业经营净收入	均值	样本数	标准差	最小值	最大值
贫困户	4163.33	30	6816.081	0	30000
非贫困户	12760	30	13671.48	0	52000
合计	8461.67	60	11554.02	0	52000

在向阳村这样的贫困地区的贫困村，贫困户的低保金收入明显高过非贫困户。只有 36.67% 的贫困户没有低保金收入，93.33% 的非贫困户没有低保金收入。从其他各档低保金收入看，贫困户拥有的比例全部超过非贫困户。贫困户低保金收入最多可达到每年 3600 元，最低也有每年 1440 元（见表 4-31）。据万清书记介绍，向阳村低保户一年能得到 2100 元，五保户的补助根据其劳动能力可分为一年 3400 元和 3700 元两档。可见，住户问卷调查时，部分被调查贫困户（36.67% 的贫困户报告低保金收入为 0 元）很可能混淆了低保和五保的区别。

表 4-31　2016 年向阳村家庭户低保金收入

单位：%

低保	0 元	1440 元	1560 元	1800 元	2300 元	2640 元	3120 元	3600 元	合计
贫困户	36.67	6.67	6.67	16.67	3.33	3.33	6.67	20	100
非贫困户	93.33	3.33	0	3.33	0	0	0	0	100

2016 年，向阳村被调查家庭的补贴性收入是 901 元，其中，贫困户是 1205 元，非贫困户是 598 元，贫困户的补贴收入是非贫困户的 2 倍（见表 4-32）。

从补贴性收入的最大值看，获得最多补贴的贫困户在 2016 年的补贴性收入达到了 5000 元，而获得最多补贴的非贫困户在 2016 年的补贴性收入只有 3500 元。补贴性收入主要来自种植补贴。2016 年，谷子地一亩地补 400 元，土豆马铃薯一亩地补 500 元，西葫芦也是补 500 元。这些补贴是扶贫办补助，种植补贴一户最多不能超过 10 亩。也就是说，种植补贴一年最多不超过 5000 元。这与住户问卷调查显示的情况基本一致。

表 4-32　2016 年向阳村家庭户补贴性收入

单位：元

补贴性收入	均值	样本数	标准差	最小值	最大值
贫困户	1204.587	30	1156.281	0	5000
非贫困户	597.667	30	860.319	0	3500
合计	901.127	60	1055.752	0	5000

（二）收入状况自评和收入满意度

1. 收入状况自评

总体看来，贫困户对收入状况的自评更低。无论是贫困户还是非贫困户，收入自评为"非常高"的情况都不存在。贫困户自评收入状况为"非常低"的比例为 20%，是非贫困户的 2 倍（见表 4-33）。

表 4-33 2016 年向阳村家庭户收入自评

单位：%

收入自评	贫困户	非贫困户	总体
非常高	0	0	0
较高	13.33	6.67	10
一般	40	50	45
较低	26.67	33.33	30
非常低	20	10	15
合计	100	100	100

2. 收入满意度

调查数据显示，2016 年，向阳村贫困户的收入满意度要高于非贫困户。贫困户和非贫困户都没有收入"非常满意"的情况，16.67% 的贫困户对收入"比较满意"，高出非贫困户 10 个百分点，贫困户"很不满意"和"不太满意"的比例都比非贫困户少（见表 4-34）。

表 4-34 2016 年向阳村家庭户收入满意度

单位：%

收入满意度	贫困户	非贫困户	总体
非常满意	0	0	0
比较满意	16.67	6.67	11.67
一般	43.33	40	41.67
不太满意	30	36.67	33.33
很不满意	10	16.67	13.33
合计	100	100	100

（三）家庭生活消费支出

这里对家庭生活消费支出的分析主要从总支出的均值和总支出的类别构成两个角度进行。调查显示，2016 年向阳村家庭消费总支出达到了 14586 元，其中，贫困户的家庭消费总支出为 10885 元，非贫困户为 18414 元，非贫困户的家庭消费总支出是贫困户的 1.7 倍（见表 4-35）。

表 4-35　2016 年向阳村家庭消费总支出

单位：元

消费总支出	均值	样本数	标准差	最小值	最大值
贫困户	10885.17	30	9283.55	1500	41100
非贫困户	18414.14	29	11022.95	2060	45650
合计	14585.85	59	10777.82	1500	45650

从家庭消费总支出的构成看，贫困户的食品支出和报销后的医疗支出合计占全部支出的 88.56%，而非贫困户的相应比例只有 62.97%。非贫困户的教育支出占 25.89%，而贫困户只有 1%（见表 4-36）。贫困不仅导致贫困户家庭消费以满足吃饭和医疗等基本生活需求为主，而且导致贫困户对人力资本投资的支出被压低到极低限度，贫困户家庭依据自身能力摆脱贫困缺乏最基本的人力支持。

表 4-36　向阳村家庭总支出的构成

单位：%

总支出构成	贫困户	非贫困户
食品支出	54.90	50.99
报销后的医疗支出	33.66	11.98
教育支出	1.00	25.89
养老保险费	1.13	1.20
合作医疗保险费	4.30	2.87
礼金支出	5.01	7.07

二　家庭财产状况

（一）家庭耐用消费品／农机／农用设施

调查数据显示，向阳村家庭户没有耕作器械、播种机和收割机，拥有拖拉机、轿车／面包车、卡车／中巴车／大客车的情况也很少见。村里家庭户在彩色电视机、电冰箱或冰柜、洗衣机和手机等方面的拥有状况较好。特别是从手机的家庭平均拥有状况看，贫困户拥有的手机数量为0.87部，略低于非贫困户的0.97部，但贫困户拥有的智能手机数量为0.17部，远低于非贫困户的0.8部（见表4-37）。总体看来，向阳村贫困户与非贫困户在家庭耐用消费品上的差别主要体现在平均数量上的不同，两者在农机／农用设施等方面几乎不存在差异。

表4-37　向阳村家庭耐用消费品／农机／农用设施的平均拥有量

单位：台，部，辆

家庭耐用消费品／农机／农用设施	贫困户	非贫困户
彩色电视机	0.83	1
空调	0	0.03
洗衣机	0.23	0.67
电冰箱或冰柜	0.37	0.67
电脑	0.03	0.06
固定电话	0.03	0
手机	0.87	0.97
联网的智能手机	0.17	0.80
摩托车／电动自行车（三轮车）	0.13	0.57
轿车／面包车	0	0.1
卡车／中巴车／大客车	0	0
拖拉机	0	0.03

家庭耐用消费品 / 农机 / 农用设施	贫困户	非贫困户
耕作机械	0	0
播种机	0	0
收割机	0	0
其他	0	0

（二）家庭存款

2016 年，向阳村户均家庭存款为 3490 元，贫困户的家庭存款仅为 1253 元，贫困户的家庭存款仅约为全村平均家庭存款的 1/3、不到非贫困户家庭存款的 1/4。从家庭存款的最大值看，非贫困户为 10 万元，而贫困户为 1 万元，仅为非贫困户的 1/10。

（三）家庭贷款

2016 年，向阳村户均家庭贷款为 6533 元，贫困户的家庭贷款为 5200 元，非贫困户的家庭贷款为 7866 元。与非贫困户相比，贫困户家庭贷款更少。从最大值看，非贫困户的家庭贷款达到了 10 万元，而贫困户则只有 3 万元（见表 4-38）。

表 4-38　2016 年向阳村家庭贷款

单位：元

家庭贷款	均值	样本数	标准差	最小值	最大值
贫困户	5200	30	8523.396	0	30000
非贫困户	7866.67	30	18891.22	0	100000
合计	6533.33	60	14592.16	0	100000

三　生活评价

（一）生活满意度

调查显示，向阳村贫困户和非贫困户的生活满意度的差别不显著（见表4-39）。贫困户对生活"很不满意"、"不太满意"的合计比例为23.34%，而非贫困户的对应比例也达到了24.14%。贫困户对生活"非常满意"、"比较满意"的合计比例为23.33%，非贫困户的相应比例略高一些，达到了27.59%。

表4-39　向阳村家庭户的生活满意度

单位：%

生活满意度	贫困户	非贫困户
非常满意	3.33	0
比较满意	20	27.59
一般	53.33	48.28
不太满意	16.67	17.24
很不满意	6.67	6.90
合计	100	100

（二）幸福感

与生活满意度类似，向阳村的贫困户和非贫困户在幸福感方面也不存在明显差别。向阳村的贫困户和非贫困户都没有感到"非常幸福"或"很不幸福"，感到"比较幸福"的比例都达到了30%，感到"不太幸福"的比例也都达到了20%（见表4-40）。

表 4-40　向阳村家庭户的幸福感

单位：%

幸福感	贫困户	非贫困户
比较幸福	30	31.03
一般	50	48.28
不太幸福	20	20.69
合计	100	100

（三）生活评价的比较

1. 与 5 年前相比

纵向比较看，2016 年向阳村家庭户普遍感到生活变得更好了。贫困户感到生活变得"好很多"的比例更大、达到了 13.33%。贫困户感到生活变得"好一些"的比例达到了 63.33%，非贫困户的对应比例也达到了 65.52%。与 5 年前相比，贫困户和非贫困户感到家庭生活"差很多"的比例都很低（见表 4-41）。

表 4-41　向阳村家庭户与 5 年前相比的生活变化感受

单位：%

与 5 年前相比，您家生活变得	贫困户	非贫困户
好很多	13.33	0
好一些	63.33	65.52
差不多	20	24.14
差一些	0	6.9
差很多	3.33	3.45
合计	100	100

2. 对未来 5 年的预期

对未来生活的预期源自现实和历史经验。2016 年，向阳村贫困户认为5年后家庭生活会"好一些"的比例达到了76.67%，远高于非贫困户的48.28%。这在一定程度上说明了，向阳村的精准扶贫精准脱贫工作正在发生作用、产生效果。

3. 与本村多数人比

与本村多数人相比，只有6.67%的贫困户认为自己家"好很多"和"好一些"，非贫困户的相应比例则达到了13.79%，明显更高。比较意外的是，非贫困户认为自己家"差很多"的比例达到了24.14%，比贫困户的对应比例还多10余个百分点。

表4-42　向阳村家庭户对5年后的生活变化预期

单位：%

您觉得5年后，您家生活会	贫困户	非贫困户
好一些	76.67	48.28
差不多	13.33	17.24
差一些	6.67	0
说不清	3.33	34.48
合计	100	100

表4-43　向阳村家庭户与本村多数人相比的判断

单位：%

与本村多数人相比，您家过得	贫困户	非贫困户
好很多	3.33	0
好一些	3.33	13.79
差不多	36.67	17.24
差一些	43.33	44.83
差很多	13.33	24.14
合计	100	100

四　环境条件

（一）居住环境满意度

向阳村贫困户和非贫困户的居住环境满意度没有表现出显著差别。贫困户和非贫困户感到"非常满意"和"比较满意"的合计比例分别为20.69%和27.59%，非贫困户的比例略高，感到"不太满意"和"很不满意"的合计比例分别为27.59%和17.24%，贫困户的比例略高。

表4-44　向阳村家庭户居住环境满意度

单位：%

居住环境满意度	贫困户	非贫困户
非常满意	6.9	0
比较满意	13.79	27.59
一般	51.72	55.17
不太满意	27.59	13.79
很不满意	0	3.45
合计	100	100

（二）污染状况

向阳村的主要污染是垃圾污染，66.67%的非贫困户和80%的贫困户都反映了垃圾污染问题。向阳村的垃圾污染程度很严重。调查数据显示，15%的贫困户和16.67%的非贫困户都认为该村垃圾污染"非常严重"，感到"较严重"的比例也分别达到了65%和50%（见表4-45）。

表4-45　向阳村家庭户对村内垃圾污染程度的判断

单位：%

垃圾污染程度	贫困户	非贫困户
非常严重	15	16.67
较严重	65	50
一般	20	29.17
轻微	0	4.17

注：贫困户和非贫困户认为垃圾污染程度的比例都是分别计算的。

第三节　健康医疗与安全保障

因病致贫是农村家庭陷入贫困的典型原因之一，促进农民健康、改善医疗供给能够降低因病致贫和因病返贫的发生概率。

一　健康与医疗

（一）健康

贫困户身体不健康的家庭成员人数达到了1.37人，是非贫困户的3倍，部分贫困户家庭成员不健康的人数高达3人（见表4-46）。身体不健康人数多，家庭中劳动力就少，收入因之也低，加上不健康家庭成员的医疗费用负担，家庭更容易陷入贫困。

表 4-46　向阳村家庭户中身体不健康的人数

单位：人

不健康成员人数	均值	样本数	标准差	最小值	最大值
贫困户	1.37	30	0.718	0	3
非贫困户	0.45	29	0.572	0	2
合计	0.92	59	0.794	0	3

　　贫困户和非贫困户在家中不健康人数的构成上表现出显著差异，贫困户家中不健康的人数为 1 人、2 人和 3 人的比例都要大于非贫困户，非贫困户家中不健康人数为 0 人的比例大于贫困户。10% 的贫困户家中没有不健康的人，而非贫困户家中没有不健康的人的比例达到了 58.62%。

（二）医疗

1.总费用

　　调查数据显示，2016 年，向阳村贫困户负担的治疗费用明显比非贫困户多，贫穷与疾病二者之间具有密切关系。2016 年，向阳村贫困户发生疾病并且去医疗机构治疗的人群中，平均每人花费的治疗总费用达到了 8861 元，远高于非贫困户的 5254 元。贫困户医疗负担更重一些。贫困户治疗总消费的最大值是 46000 元，约是非贫困户24000 元的 2 倍。

表 4-47　向阳村家庭户治疗总费用

单位：元

家庭户治疗总费用	均值	样本数	标准差	最小值	最大值
贫困户	8860.83	24	13276.27	200	46000
非贫困户	5253.85	13	7968.962	0	24000
合计	7593.51	37	11697.26	0	46000

2. 自费费用

治疗总费用包括新农合报销的费用。剔除掉报销费用，向阳村贫困户发生疾病并且去医疗机构治疗的人群中，平均每人花费的自费费用达到了 6861 元，也明显多于非贫困户的 4562 元。

表 4-48　向阳村家庭户生病家庭成员治疗自费费用

单位：元

家庭成员治疗自费费用	均值	样本数	标准差	最小值	最大值
贫困户	6860.83	24	10120.16	200	36000
非贫困户	4561.54	13	7184.42	0	21000
合计	6052.97	37	9158.447	0	36000

3. 没有治疗的原因

2016 年，从向阳村贫困户和非贫困户中的家庭成员发生疾病但没有治疗的原因看，88.24% 的贫困户是由于经济困难，非贫困户由于经济困难的比例也达到了 50%。

表 4-49　向阳村家庭户家庭成员有病不医的原因

单位：%

有病不医的原因	贫困户	非贫困户
经济困难	88.24	50
医院太远	0	37.5
没有时间	5.88	0
不重视	0	12.5
小病不医	5.88	0

4. 生病影响

行走困难是生病影响的最基本或最初级的表现。调查数据显示，贫困户家中生病家庭成员出现行走问题的比例明显高于非贫困户。生病的贫困户家庭成员中有 51.85% 没有发生行走问题，而非贫困户则有 84.62%。

生病还会影响病人的自理能力。调查显示，生病的非贫困户家庭成员没有遇到自理问题，而贫困户则有 22.22% 发生了不同程度的自理问题。除了行走、自理出现问题之外，进一步地，生病还会影响人们的日常生活劳动能力。调查数据显示，发生疾病的贫困户家庭成员遇到日常生活劳动能力问题的比例更大，达到了 22.22%，非贫困户的比例则只有 7.69%。另外，发生疾病的贫困户家庭成员有严重问题和不能进行任何活动的合计比例达到了 7.4%。

生病还将伴随着生理疼痛或身体不适。调查数据显示，在生病时的生理疼痛或身体不适方面，生病的贫困户家庭成员感到生理疼痛或不适的比例略高，达到了 88.89%，生病的非贫困户家庭成员的比例也有 84.62%。生理疾病将会导致心理上的焦虑或压抑。调查数据显示，生病的家庭成员发生焦虑或压抑的情况存在明显的贫困户与非贫困户差别。生病的贫困户家庭成员出现"挺严重"或"非常严重"的焦虑或压抑的比例明显高出非贫困户。

表 4-50　向阳村家庭户成员感到焦虑或压抑的比例

单位：%

焦虑或压抑	贫困户	非贫困户
没有	18.52	15.38
有一点	37.04	30.77
有一些	25.93	53.85
挺严重	14.81	0
非常严重	3.7	0

（三）7 岁以下幼童

调查显示，贫困户中有 7 岁及以下幼童的比例只有 4.17%，远低于非贫困户的 30%。令人欣慰的是，无论贫困户还是非贫困户，家中 7 岁及以下的幼童全部接受了计划免疫。

二　安全与保障

（一）意外事故与公共安全

1. 意外事故

2016 年，向阳村家庭成员发生严重意外事故的有 3 个贫困户和 2 个非贫困户，其中，1 位贫困户家庭成员遭遇了严重的工伤事故，估计损失金额是 12000 元。所有发生意外事故的家庭，遭受的最低损失是 5000 元，最高损失是 24000 元。

2. 公共安全

向阳村总体公共安全状况较好。调查数据显示，2016

年，向阳村只有一个非贫困户遭受过偷盗，损失金额 800
元。该非贫困户是一个标准核心家庭，有 4 个家庭成员，
户主 51 岁。向阳村没有发生自然灾害导致的财产损失。

（二）社区安全

1. 安全防护措施

2016 年向阳村的贫困户和非贫困户没有采取安全防护
措施的都达到了 40%。贫困户和非贫困户的安全措施基本
一致，主要是养狗。除了养狗，非贫困户没有采取包括安
防盗门、安报警器和加强社区巡逻在内的其他任何安全防
护措施（见表 4-51）。这在一定程度上说明了，该村社会
治安状况良好。同时，也可能说明了，作为贫困地区贫困
村的向阳村并没有引起外部不法分子的注意。

表 4-51　向阳村家里使用的安全防护措施的比例

单位：%

安全防护措施	贫困户	非贫困户
无	40	40
安防盗门	3.33	0
安报警器	0	0
加强社区巡逻	0	0
养狗	56.67	60
其他	0	0

2. 在居住地天黑走路安全感

总体上看，向阳村村民的社区安全感较强。贫困户
100% 认为天黑走路感到安全，其中 2/3 感到非常安全。非

贫困户认为天黑走路"非常安全"或"比较安全"的合计比例也达到了90%。

三 基本生活保障

(一)去年你家挨饿情况

调查数据显示，2015年，向阳村被调查贫困户或非贫困户都没有发生家庭挨饿的极端情况。

(二)你将来养老主要靠什么?

养儿防老仍是农村典型的传统文化观念。调查数据显示，2016年，向阳村贫困户希望依靠子女养老的比例达到了一半，非贫困户的比例更高，达到了73.33%。另一个重要特点是，接近一半的贫困户寄希望于政府帮助其养老。这也充分反映了贫困地区贫困人口缺乏内生性的脱贫动力，对政府福利存在一种刚性或惰性的依赖（见表4-52）。

表4-52　向阳村家庭户成员对未来养老主要依靠的看法

单位：%

养老依靠	贫困户	非贫困户
子女	50	73.33
个人积蓄	0	3.33
养老金	0	3.33
个人劳动	6.67	3.33
其他	46.67	20
说不清	10	10

注："其他"除了一个贫困户填写依靠外甥外，其余全部是希望依靠公家（政府）。该问题是多选题，这里只将第一选择进行分析。

四 农业资源风险

（一）农业资源面积

土地是农民最基本的农业资源和生存保障，土地风险将严重威胁农民的基本生活。调查显示，向阳村农户最主要的农业资源就是旱地和林地，有效的灌溉耕地很少，没有园地、牧草地、养殖水面或养殖设施用地。其中，平均每户贫困户自有 1.5 亩有效灌溉耕地、13.4 亩旱地和 7.48 亩林地，平均每户非贫困户自有 1 亩有效灌溉耕地、11.27 亩旱地和 6.07 亩林地（见表 4-53）。

表 4-53　向阳村家庭户拥有农业资源的平均面积

单位：亩

农业资源种类	贫困户		非贫困户	
	自有面积	经营面积	自有面积	经营面积
有效灌溉耕地	1.5	2	1	1
旱地	13.40	12.52	11.27	11.17
园地	0	0	0	0
林地	7.48	7.58	6.07	6.07
牧草地	0	0	0	0
养殖水面	0	0	0	0
养殖设施用地	0	0	0	0

（二）农业风险

向阳村农户面临着一定的农业风险，主要包括自然灾害的风险和农产品销售困难的风险。

1.是否遭受自然灾害

2016 年，向阳村农户遭受自然灾害的情况很少。调查显示，只有 7.14% 的贫困户的农业生产遭受了自然灾害，非贫困户的农业生产则没有遭受到自然灾害。

2.如遭受自然灾害，损失金额

调查数据显示，2015 年，向阳村遭受自然灾害的贫困户，平均每户的损失金额是 1850 元。

3.2015 年是否遭遇农产品销售困难情况

2015 年，向阳村的部分农户也遭受了农产品销售难的问题。其中，1/3 的贫困户遇到销售困难和农产品价格下跌，1/5 的非贫困户遇到了所售农产品价格下跌的问题。

4.2015 年遭遇主要农产品销售困难的损失金额

调查数据显示，2015 年，向阳村遭遇主要农产品销售困难的贫困户和非贫困户，其损失金额分别为 1311 元和 2900 元。

第四节 劳动与就业

一 常住人口劳动力人数

调查数据显示，2016 年向阳村平均每户贫困户有常住人口劳动力 0.59 人，非贫困户则有 1.21 人，贫困户和非贫困户之间存在显著差异。缺乏劳动力是向阳村贫困户致贫的关键因素之一。按常住人口劳动力数量的构成看,51.72% 的贫困户家里没有劳动力、非贫困户则只有17.24% 没有劳动力,10.34% 的贫困户家里有 2 个劳动力、非贫困户则有 37.93% 有 2 个劳动力。可以看出,向阳村农户中家庭劳动力数量对其是否陷入贫困或陷入贫困的可能性有很大影响(见表 4-54)。

表 4-54   向阳村家庭户常住人口劳动力数量

单位:%

常住人口劳动力数量	贫困户	非贫困户
0 人	51.72	17.24
1 人	37.93	44.83
2 人	10.34	37.93

二 劳动时间

2015 年,从家庭劳动力劳动时间(不含家务劳动)看,贫困户达到了 213 天,非贫困户达到了 382 天,非贫困户是贫困户的 1.8 倍。不考虑劳动生产率或劳动报酬,仅从劳动时间看,2015 年非贫困家庭劳动力劳动收入也应该是贫困户劳动力劳动收入的 1.8 倍。

表 4-55   向阳村家庭户 2015 年家庭劳动力劳动时间(不含家务劳动)

单位:天

劳动力劳动时间	均值	样本数	标准差	最小值	最大值
贫困户	212.69	13	122.650	30	450
非贫困户	381.81	27	131.534	150	540
合计	326.85	40	150.328	30	540

注:劳动力的合计劳动时间。

三 劳动收入

（一）第一劳动力的年劳动收入

2015 年，向阳村贫困户家庭第一劳动力的劳动收入达到 8410 元，非贫困户家庭第一劳动力的劳动收入达到 11971 元，非贫困户明显高出贫困户。贫困户与非贫困户第一劳动力 2015 年年收入最大值不存在差别，都为30000 元。

表 4-56　2015 年向阳村家庭户家庭第一劳动力劳动收入

单位：元

第一劳动力 2015 年年收入	均值	样本数	标准差	最小值	最大值
贫困户	8410.00	10	9151.375	0	30000
非贫困户	11971.43	14	9253.891	1000	30000
合计	10487.50	24	9186.394	0	30000

（二）第二劳动力的年劳动收入

2015 年，向阳村贫困户家庭第二劳动力的劳动收入达到了 3667 元，非贫困户家庭第二劳动力的劳动收入达到了 8088 元，非贫困户是贫困户的 2 倍多。贫困户与非贫困户第二劳动力 2015 年年收入最大值差别很明显，非贫困户第二劳动力 2015 年年收入最大值达到了 30000 元，是贫困户第二劳动力相应数值 5000 元的6 倍。

表 4-57　2015 年向阳村家庭户家庭第二劳动力劳动收入

单位：元

第二劳动力 2015 年年收入	均值	样本数	标准差	最小值	最大值
贫困户	3666.67	3	1892.969	1500	5000
非贫困户	8087.50	8	10036.42	500	30000
合计	6881.82	11	8688.592	500	30000

（三）第一劳动力年劳动收入的非农收入占比

2015 年，向阳村贫困户家庭第一劳动力的劳动收入中非农收入占到了 61.51%，非贫困户家庭第一劳动力的劳动收入中非农收入占比更高，达到了 86.48%。

（四）拖欠工资

向阳村务工村民之中很少有人遭遇拖欠工资问题。2015 年，向阳村只有 1 个非贫困户外出务工家庭成员遭遇拖欠工资，拖欠金额为 4500 元。

第五节　政治参与和社会联系

一　政治参与

调查数据显示，向阳村贫困户中的户主是党员比例达到 16.67%，比非贫困户高 10 个百分点。向阳村平均每个贫困户有0.17名党员，非贫困户则只有0.1名党员。2015年，向阳村贫困户和非贫困户没有参加村委会召开会议的比例都达到了70%，贫困户参加村委会召开会议的比例更大，家庭成员都参加的贫困户达到了26.67%，非贫困户的比例略低，为20%。2015年，均有70%的向阳村贫困户和非贫困户全体家庭成员都没有参加村民小组召开的会议，均有20%的向阳村贫困户和非贫困户其全体家庭成员都参加了村民小组召开的会议。

向阳村贫困户参加最近一次村委会投票的比例较高，全家有选举资格的家庭成员都参加的比例达到70%，明显高于非贫困户的46.67%（见表4-58）。

表4-58　向阳村家庭户参与最近一次村委会投票情况

单位：%

是否参加最近一次村委会投票	贫困户	非贫困户
都参加	70	46.67
仅自己参加	0	3.33
别人参加	30	46.67
都没参加	0	0
不知道	0	3.33

向阳村村民参加2015年乡镇人大代表投票的比例很小，贫困户和非贫困户参加的比例均只有6.67%，没有参加的比例都很大，贫困户高达90%，非贫困户也达到了76.67%。

二　社会联系

（一）社会组织

1. 农民合作组织

向阳村村民知道本村或邻近村有农民合作社的比例很低，仅有 3.33% 的非贫困户被调查对象回答"本村或邻近村有农民合作社"，没有贫困户被调查对象回答"本村或邻近村有农民合作社"。

2. 文化娱乐或兴趣组织

向阳村村民知道本村或邻近村有文化娱乐或兴趣组织的比例很低，仅有 6.67% 的非贫困户被调查对象回答"本村或邻近村有文化娱乐或兴趣组织"，没有贫困户被调查对象回答"本村或邻近村有文化娱乐或兴趣组织"。

（二）家庭关系和社会关系

1. 家庭关系

2015 年，向阳村贫困户和非贫困户被调查对象不与爱人在一起的时间分别为 26 天和 92 天。从最大值看，2015年，贫困户被调查对象不与爱人在一起的时间达到 210天，而非贫困户则达到了 360 天，几乎全年（见表 4-59）。2015 年，向阳村贫困户和非贫困户被调查对象"夫妻不在一起时的联系频率"差别不明显（见表 4-60）。2015 年，向阳村贫困户和非贫困户被调查对象"夫妻互相信任程度"差别不显著（见表 4-61）。

表 4-59　向阳村家庭户 2015 年不与爱人在一起的时间

单位：天

	均值	样本数	标准差	最小值	最大值
贫困户	26.4	25	61.500	0	210
非贫困户	92.1	26	130.95	0	360
合计	59.9	51	107.19	0	360

表 4-60　向阳村家庭户夫妻不在一起时的联系频率

单位：%

夫妻不在一起时的联系频率	贫困户	非贫困户
每天	27.59	32.14
每周至少一次	13.79	14.29
每月至少一次	3.45	0
没事不联系	0	25
不适用	55.17	28.57

表 4-61　向阳村家庭户夫妻互相信任程度

单位：%

夫妻互相信任程度	贫困户	非贫困户
非常信任	76	70.37
比较信任	8	25.93
一般	16	3.7
不太信任	0	0
很不信任	0	0

向阳村各类婚姻状态村民的婚姻满意度存在明显差别。总体来说，已婚村民"非常满意"和"比较满意"的比例都是最高，未婚和丧偶村民的婚姻满意度明显更低（见表 4-62）。调查数据显示，向阳村贫困户和非贫困户被调查对象的婚姻满意度不存在明显差别，"非常满意"和"比较满意"的合计比例都在 80% 左右（见表 4-63）。

表 4-62　向阳村家庭户婚姻状态满意程度（一）

单位：%

婚姻状态满意程度	已婚	未婚	丧偶	合计
非常满意	63.46	0	0	55
比较满意	26.92	16.67	0	25
一般	3.85	16.67	100	8.33
不太满意	5.77	50	0	10
无所谓	0	16.67	0	1.67

表 4-63　向阳村家庭户婚姻状态满意程度（二）

单位：%

婚姻状态满意程度	贫困户	非贫困户	合计
非常满意	53.33	56.67	55
比较满意	30	20	25
一般	6.67	10	8.33
不太满意	10	10	10
无所谓	0	3.33	1.67

2015 年，向阳村贫困户和非贫困户被调查对象"与不住在一起的父母的联系频率"存在一定差别。与贫困户被调查对象相比，非贫困户被调查对象"与不住在一起的父母的联系"更为频繁（见表 4-64）。

表 4-64　向阳村家庭户成员与不住在一起的父母的联系频率

单位：%

与不同住父母联系的频率	贫困户	非贫困户	合计
每天	23.33	46.67	35
每周至少一次	6.67	10	8.33
每月至少一次	0	3.33	1.67
没事不联系	0	10	5
不适用	70	30	50

2015 年，向阳村贫困户和非贫困户被调查对象"与不住在一起的子女的联系频率"存在一定差别。与贫困户被调查对象相比，非贫困户被调查对象"与不住在一起的子女的联系"更为频繁（见表4-65）。

表4-65　向阳村家庭户成员与不住在一起的子女的联系频率

单位：%

与不同住子女联系的频率	贫困户	非贫困户	合计
每天	16.67	20	18.33
每周至少一次	16.67	30	23.33
每月至少一次	16.67	6.67	11.67
没事不联系	30	20	25
不适用	20	23.33	21.67

2. 社会关系

调查数据显示，2015 年，向阳村贫困户和非贫困户在"临时有事找谁帮忙"上存在一定差别。与非贫困户相比，贫困户更多找"直系亲属"、"邻居或老乡"、"村干部"，非贫困户则更多找"其他亲戚"。

表4-66　向阳村家庭户成员临时有事寻求帮忙对象概况

单位：%

临时有事找谁帮忙	贫困户	非贫困户	合计
直系亲属	56.67	40	48.33
其他亲戚	26.67	53.33	40
邻居或老乡	10	3.33	6.67
村干部	3.33	0	1.67
朋友或同学	3.33	3.33	3.33

调查数据显示，2015 年，向阳村贫困户和非贫困户在"急用钱时找谁借"上存在一定差别。96.67% 的非贫困户找"直系亲属"或"其他亲戚"借钱，20% 的贫困户找"邻居或老乡"和"同学或朋友"借钱。2015 年，向阳村贫困户和非贫困户在"亲戚中是否有干部"上没有明显差别。贫困户和非贫困户都只有不到 7% 的亲戚是村干部。

第六节　时间利用与子女教育

一　时间利用

时间利用一方面可以反映贫困发生的原因，另一方面也反映了贫困发生的后果。具体来说，如果劳动或工作时间较少，那么收入就会较少，贫困发生可能性更大。反过来说，陷入贫困的人群也很可能具有特殊的时间利用状态。

（一）平常多数时间里是不是很忙

2016 年，向阳村贫困户和非贫困户的时间忙碌方面存在明显的差别。贫困户表示"平常多数时间不忙"的比例高达 86.67%，超过非贫困户 40 个百分点，而非贫困户表

示"平常多数时间很忙"的比例达到 16.67%，是贫困户的
5 倍（见表 4-67）。可见，"忙不忙"似乎与是否贫困有密
切关联，要达到脱贫目标，不"忙"起来似乎是不切实际
的表现。

表 4-67　向阳村家庭户成员平时多数时间的繁忙程度

单位：%

平时多数时间是不是很忙	贫困户	非贫困户
是的	3.33	16.67
有点儿，还好	3.33	6.67
正常	6.67	26.67
不忙	86.67	46.67
一点不忙	0	3.33

（二）业余时间的主要活动

调查数据显示，2016 年，向阳村贫困户和非贫困户
在业余时间的主要活动方面不存在显著差别。看电视占据
了向阳村居民业余时间的大部分（见表 4-68）。2016 年，
向阳村贫困户和非贫困户平均每天看电视的时间不存在
明显差异，二者分别为 2.3 小时和 2.5 小时，平均每天睡
觉的时间不存在明显差异，二者分别为 7.47 小时和 7.63
小时。

表 4-68　向阳村家庭户成员业余时间的主要活动

单位：%

业余时间的主要活动	贫困户	非贫困户
上网	3.33	13.33
社会交往	0	10
看电视	66.67	46.67
参加文体活动	3.33	3.33
参加学习培训	0	0
读书看报	0	3.33
休息	0	3.33
做家务	3.33	10
照顾小孩	0	0
什么也不做	16.67	10
其他	6.66	0

（三）最近一周，累计干活时间

2016 年，向阳村贫困户和非贫困户最近一周累计干活时间存在明显差异，非贫困户干活时间更多。贫困户平均为 18.17 小时，非贫困户达到 26.97 小时（见表 4-69）。

表 4-69　向阳村家庭户成员最近一周累计干活的时间

单位：小时

最近一周累计干活时间	均值	样本数	标准差	最小值	最大值
贫困户	18.17	30	19.870	0	84
非贫困户	26.97	30	25.001	0	70
合计	22.57	60	22.825	0	84

二 子女教育

（一）家庭年满 3 周岁至 18 周岁的子女人数

调查数据显示，2016 年，向阳村贫困户和非贫困户家中 "年满 3 周岁至 18 周岁" 的子女数差异明显。非贫困户家中有 1 个和 2 个子女的比例都显著高过贫困户（见表 4-70）。

表 4-70　向阳村家庭户年满 3 周岁至 18 周岁的子女人数

单位：%

年满 3 周岁至 18 周岁的子女人数	贫困户	非贫困户
0 人	96.67	40.74
1 人	3.33	44.44
2 人	0.00	14.81

（二）家庭中子女年龄

调查数据显示，2016 年，向阳村非贫困户子女中 14~18 岁中学年龄段的占比为 50%，6~13 岁小学年龄段的占比接近 50%。

（三）家庭中子女的居住方式

从家庭中子女的居住方式看，非贫困户的子女 73.68% 与父母同住，15.79% 与母亲一方同住，5.66% 与（外）祖父母同住，5.66% 独自生活。

（四）家庭中子女的上学类别

贫困户家庭子女的 50% 上幼儿园或学前班，50% 上中小学，非贫困户家庭子女的 15.79% 上幼儿园或学前班，68.42% 上中小学，15.79% 上职业学校。

（五）家庭中子女的上学地点

从家庭中子女的上学地点看，贫困户家庭子女 100% 在本村上学，非贫困户家庭子女 42.11% 在本村上学，26.32% 在本乡镇上学，31.58% 在本县上学。

第五章

向阳村扶贫工作的措施与成效

第一节　扶贫工作概况

一　非贫困户

（一）非建档立卡户

　　非建档立卡户包含截至 2016 年底的非贫困户和建档立卡调出户。调查显示，非贫困户明确知道自己家庭不属于建档立卡户的只占 56.67%，另外 43.33% 不清楚自己是不是非建档立卡户。课题组在做住户调查时发现，部分被调查对象不知道其所属家庭户是否属于建档立卡户，这既和建档立卡户每年都要重新核定而产生变化有

图 5-1　向阳村的非贫困户家内一瞥

关，也可能与村民和村"两委"干部之间的沟通不畅有关。

（二）政府为本村安排的各项扶贫项目是否合理

总体上看，非贫困户不太认可政府为本村安排的各项扶贫项目。40%的非贫困户认为政府为本村安排的各项扶贫项目很不合理，16.67%认为不太合理，认为很不合理和不太合理的合计比例达到了56.67%（见图5-2）。五保户

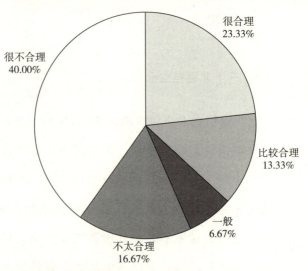

很合理
23.33%

很不合理
40.00%

比较合理
13.33%

一般
6.67%

不太合理
16.67%

图 5-2　向阳村非贫困户认为政府为本村安排的各项扶贫项目是否合理

或低保户补助和种植补贴是向阳村为贫困户提供的最为主要的扶贫项目，这些项目也是"直接发钱"的项目，更易于引起群众关注和议论。向阳村尤须加强重视和提升这方面的工作方法与水平。

（三）本村贫困户核定是否合理

精准识贫是精准扶贫和精准脱贫的前提，精确识别贫困户是关键。调查数据显示，总体上看，向阳村的非贫困户不太认同贫困户的核定。非贫困户认为本村贫困户核定很不合理的高达 36.67%，认为不太合理的也达到了 20%，即认为很不合理和不太合理的合计比例达到了 56.67%，而认为很合理、比较合理的只占 1/3（见图 5-3）。这一定程度上反映出向阳村精准识贫工作存在着不小的偏差，仍存在很大的改进空间。

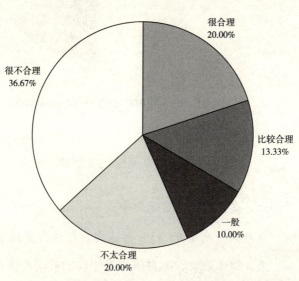

很合理
20.00%

很不合理
36.67%

比较合理
13.33%

一般
10.00%

不太合理
20.00%

图 5-3　向阳村非贫困户认为本村贫困户核定是否合理

（四）本村扶贫效果

非贫困户对本村扶贫效果的评价也不是很高。有一半的非贫困户表示对本村扶贫效果"说不清"。另外一半对本村扶贫效果"说得清"的非贫困户认为本村扶贫效果"很不好"、"不太好"的比例都为6.67%，而认为"很好"、"比较好"的比例分别为3.33%和10%（见图5-4）。

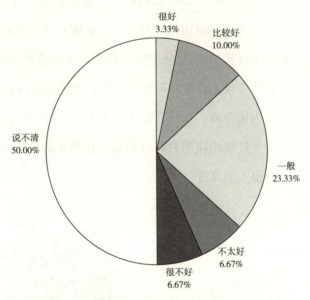

图5-4　向阳村非贫困户对本村扶贫效果的评价

（五）是否直接享受过扶贫政策

被调查的非贫困户中，只有6.67%回答直接享受过扶贫政策，剩下93.33%则认为自己没有直接享受过扶贫政策。整体而言，非贫困户对于向阳村精准扶贫精准脱贫的政策及其执行效果的评价并不高。

二　贫困户

（一）哪一年成为建档立卡户

村民对建档立卡户"身份"所带来的家庭收益很清楚，绝大多数向阳村贫困户比较清楚自家是在哪一年成为建档立卡户的。调查数据显示，向阳村贫困户于 2015 年成为建档立卡贫困户的比例最高（70%），其次是 2016 年的建档立卡户，占比 16.67%。另外，有 6.67% 的贫困户不清楚自家是在哪年建档立卡（见图 5-5）。

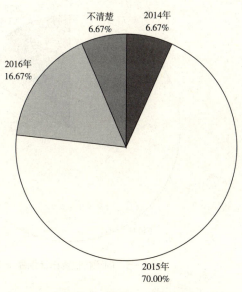

图 5-5　向阳村贫困户哪一年成为建档立卡户

（二）2016 年是否成为脱贫户

向阳村贫困户于 2016 年脱贫的比例很低。调查数据显示，全部被调查的 30 户贫困户中只有 1 户脱贫，占3.33%。

（三）计划哪一年脱贫

相比于哪年成为建档立卡户，绝大多数向阳村贫困户不清楚自家（被）计划于哪一年脱贫。调查数据显示，高达 83.33% 的贫困户不清楚计划哪一年脱贫，清楚本户将于 2017 年、2018 年和 2019 年脱贫的贫困户分别占 6.67%、3.33% 和 6.67%（见图 5-6）。

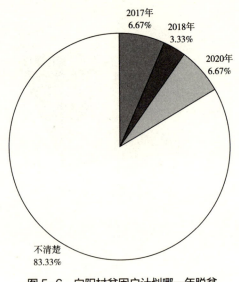

图 5-6　向阳村贫困户计划哪一年脱贫

（四）贫困户核定是否合理

贫困户如何认为本村贫困户核定的合理性呢？总体而言，贫困户比较认可本村贫困户核定的合理性。贫困户认为本村贫困户核定"很合理"和"比较合理"的合计比例达到 43.34%，没有贫困户认为"很不合理"，认为"不太合理"的贫困户只占 3.33%（见图 5-7）。

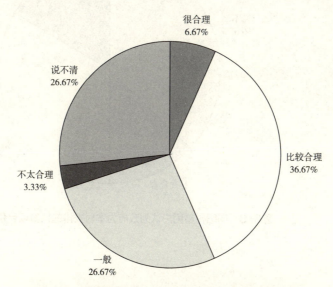

图 5-7　向阳村贫困户认为本村贫困户的核定是否合理

（五）政府为本村安排的扶贫项目是否合理

如何评价政府为本村安排的扶贫项目的合理性？总的看来，与非贫困户类似，贫困户也不是很认可。调查数据显示，13.33% 的贫困户认为政府为本村安排的扶贫项目"不太合理"，认为"很合理"和"比较合理"的分别达到 6.67% 和 10%（见图 5-8）。课题组认为，向阳村扶贫项目过于集中在五保户或低保补助和种植补贴，扶贫项目类型较少且过于集中，同时，扶贫路径或项目没有采取"授人以渔"的方式，反而更多以"授人以鱼"的方式。这将很可能导致贫困户不能够如期真正、最终脱贫。

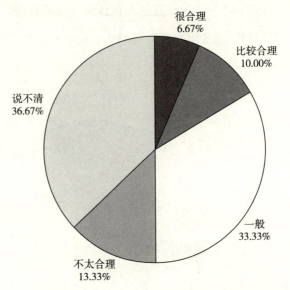

很合理
6.67%

比较合理
10.00%

说不清
36.67%

一般
33.33%

不太合理
13.33%

图5-8 向阳村贫困户认为政府为本村安排的扶贫项目是否合理

（六）本村扶贫效果

贫困户对本村扶贫效果的评价呈明显的分化。调查数据显示，没有贫困户认为本村扶贫效果"很好"或"很不好"，但是，均有23.33%的贫困户认为本村扶贫效果"比较好"、"不太好"或"说不清"（见图5-9）。

（七）为本户安排的扶贫措施是否合适

向阳村贫困户总体上也不太认可村里为他们安排的扶贫措施。调查数据显示，没有贫困户认为扶贫措施"很合适"，认为"比较合适"的占23.33%，认为"不太合适"的占6.67%。还有超过一半（53.33%）的贫困户认为村里为他们安排的扶贫措施"一般"（见图5-10）。

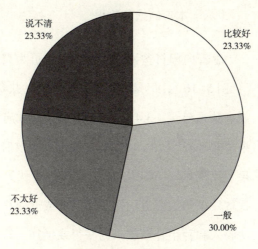

图 5-9　向阳村贫困户认为本村的扶贫效果

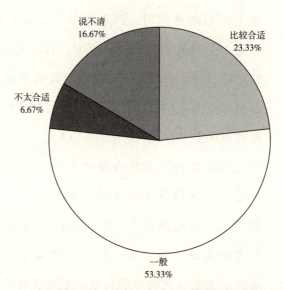

图 5-10　向阳村贫困户认为村里为本户安排的扶贫措施是否合适

（八）本户的扶贫效果

尽管向阳村贫困户不是特别认可为其安排的扶贫项目（见图 5-10），但是，贫困户对本户的扶贫效果评价较好。调查数据显示，3.45% 的贫困户认为政府对本户的扶贫效果"非常好"，34.48% 的贫困户认为政府对本户的扶贫效果"比较好"（见图 5-11）。课题组认为，贫困户认为的扶贫效果仍主要集中在基于低保或五保户身份获得的保障性收入和种粮补贴收入的获得或增加，缺乏可持续发展的"授人以渔"式的扶贫效果。

（九）本户最主要致贫原因

向阳村的贫困户较为清楚自家的致贫原因，特别是最主要的致贫原因。调查显示，60% 的贫困户认为缺劳动力是其最主要的致贫原因，其次是生病（13.33%）和缺乏技术（10%）。最主要的致贫原因是缺资金、残疾的均仅占 6.67%。只有 3.33% 的贫困户认为最主要的致贫原因是"因婚"（见图 5-12）。全部贫困户都是从外在客观或物质条件方面考虑致贫原因，没有任何一户贫困户从自身主观能动性方面寻找致贫原因。一定程度上，这也说明了向阳村贫困户家庭成员在脱贫致富方面欠缺一些进取心和努力拼搏的心态，而这些主观因素正是对贫困户脱贫致富起到关键作用的内因。

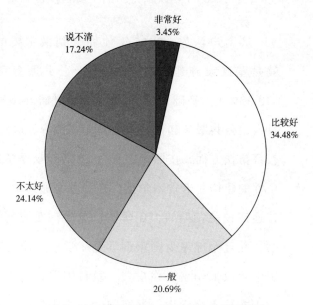

图 5-11　向阳村贫困户认为本户的扶贫效果

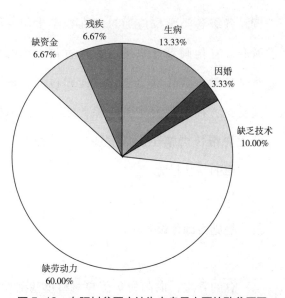

图 5-12　向阳村贫困户认为自身最主要的致贫原因

（十）2015 年以来得到的主要帮扶措施

贫困户认为，2015 年他们得到最主要的帮扶措施就是基础设施建设（53.33%）、公共服务和社会事业（73.33%）。基础设施建设主要是村居环境改善方面的投入，公共服务和社会事业包含了教育、医疗和低保等。教育帮扶方面，按照规定：自 2016 年秋季学期起，符合条件的建档立卡贫困学生，在公办普通高中、中职学校、普通高校就读期间，免学费、免住宿费、免费提供教科书，并且全部享受国家助学金。学校不能向建档立卡贫困学生收取学费、住宿费、教科书费。免住宿费的对象应为在校寄宿学生，寄宿制学校应优先满足建档立卡贫困学生在校寄宿需要。建档立卡贫困学生持扶贫部门颁发的扶贫手册在所就读学校登记后即可享受相关资助政策。各级各类学校应通过向在校学生印发明白纸、政策简介、宣传画等方式进行积极宣传，从而实现这一政策对学校学生宣传的全覆盖。向阳村部分贫困户已经开始接受这方面的教育帮扶。除此之外，向阳村贫困户获得的主要帮扶措施还包括发展生产（种粮补贴属于发展生产方面的帮扶措施）。

三　基础设施建设

总的看来，向阳村贫困户对村里基础设施建设的满意程度较高。5.88% 的贫困户表示非常满意，29.41% 的贫困户表示比较满意。没有贫困户表示非常不满意，表示不太满意的比例达到 35.29%（见图 5-13）。

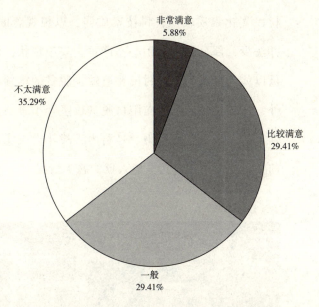

图 5-13　向阳村贫困户对基础设施满意程度

第二节　村落家户致贫原因分析

　　向阳村的致贫原因既包括区域性、自然等外在客观原因，也包括村落内部、家庭内部和个人等内在主观原因。从外在客观因素看，气候条件恶劣，漫长的冬季导致消费支出多，生产收入少；经济基础较差，缺少大面积平地或高产耕地，交通不便；环境保护责任大，为给北京提供充足、清洁的水资源，产业发展受到限制，产业发展空间小，导致县域经济发展缓慢、经济总量小，直接影响了对向贫困村的投入和支持力度。从内在主观因素看，向阳村村民文化素质较低，科技素质弱、思想观念旧，思路窄，办法少，部分村民贫困心态严重，安于现状，外出打工人员以体力劳动为主，村民普遍缺少脱贫的本领与技术。另外，比较关键的是，向阳村脱贫攻坚奔小康领头雁作用不强，村"两委"凝聚力、号召力、战斗力较弱，甚至发生前任村支部书记贪污被捕入狱的恶劣情况。

图 5-14　向阳村的贫困户（之一）

因环境治理问题，向阳村原有依靠烧煤制砖的砖瓦厂被取缔，新建沥青搅拌厂工业自动化程度很高，工人需要专门的技术培训。沥青搅拌厂是靠天然气提供能源，现在已经运营，工人全部来自东北的吉林省松原市。原先在砖瓦厂打工的村民全部未被聘用。据村民反映，砖瓦厂存在时，全村有 100 多人在砖瓦厂上班，部分 60 多岁老人也能干些轻松的活儿，一个月能拿到 1000 元工资，壮劳力一个月能拿到 3000~4000 元。砖瓦厂一年有 6 个半月运营。当砖瓦厂被取缔关闭时，向阳村的这 100 多人全部丧失了一大笔非农收入，部分人可以外出打工，绝大多数年岁大的村民就此失去了重要的收入来源，生活大受影响，返贫频繁发生。与大多数家庭陷入贫困的原因基本一致，缺少劳动力、家庭负担重和家庭成员患有慢性病或重大疾病等情况是向阳村家庭户陷入贫困的主要原因。特别是从家庭结构看，单人户和老年空巢家庭陷入贫困的概率更大。

图 5-15　向阳村的贫困户（之二）

第三节　精准识贫的实践与经验

赤城县不是深度贫困县，向阳村也不是深度贫困村。河北省扶贫开发领导小组印发《关于重点支持张承坝上等深度贫困地区脱贫攻坚的推进方案》，确定张家口、承德、保定 3 市的 10 个深度贫困县 206 个深度贫困村为全省脱贫攻坚重点区域。综合考虑贫困发生率、贫困人口规模、人均可支配收入及基础设施状况等因素，确定了坝上地区的康保、沽源、尚义、张北、丰宁、围场和深山区的阳原、阜平、涞源、隆化为 10 个深度贫困县。206 个深度贫困村从上述 10 个县中按贫困程度确定，基本原则是县域镇村体系规划保留贫困发生率高、贫困人口规模大、人均可支配收入低、基础设施和公共服务条件差的村。

一 实施主体

除了村"两委"，向阳村还有张家口市第五医院驻向阳村扶贫帮扶工作队、向阳村金融扶贫服务站和大学生村官，这些组织、单位和个体共同组成了向阳村精准扶贫的队伍，同时他们也是精准识贫的实施主体。

张家口市第五医院驻向阳村扶贫帮扶工作队由队长启明副院长、队员总务科干事张佳毅和吴俊江三人组成。向阳村金融扶贫服务站的站长由向阳村支部书记万清担任，两位副站长分别由张家口市赤城县雕鹗镇信贷员冯瑞华和张家口市第五医院副院长启明担任，另有金融专干三人：赵海、葛勇和王友。向阳村金融扶贫服务站的工作职责是：对本村农户的个人基本情况、信用情况、是否有不良嗜好、还款能力、还款来源等情况进行保前调查，帮助贷款的贫困户谋划产业、办理手续，并进行资金监管。王哲是向阳村的驻村大学生村官，他同时兼任向阳村法律顾问，他的服务范围包括：以预防矛盾纠纷发生为目标，指导协助本村处理涉法事务；为村民群众，特别是困难群众免费提供法律咨询、代书、评估诉讼、调解等服务；为符合条件的群众提供法律援助服务；同时参与村普法宣传，培训村干部。向阳村精准识贫工作的直接实施主体是6名村"两委"委员和12名村民代表。

二 实施方式

确定贫困户需要村委会和群众代表开会一个一个核实。2017年，向阳村有112户建档立卡贫困户脱贫。具体如何实施的呢？向阳村村委书记万清介绍，主要途径就是给每个家庭户算他们的家庭收入，即算每个家庭户的产业、粮食及出售价格等等，每户都经过详细计算并汇总。该计算和汇总过程由6位村"两委"和12位村民代表一起执行，有会议记录、有公示、有照片。而且，退出贫困户的每一户户主都要签字、按手印。

三 如何确定

精准识别，解决"要扶谁"问题。按照统一规范的识别标准和操作流程，严把群众申请关、入户调查关、民主评议关、公示监督关、确认审核关，精准识别出了真正的贫困人口。同时建立起科学的监测评估体系，根据贫困户动态化管理的要求，对稳定脱贫的及时退出，对返贫需扶持的及时纳入，引入第三方识别机制，通过入户正面抽查及侧面辅助分析贫困户银行存款、子女就学、医院就诊、用电量等情况的方式进行逐一核实，确保贫困人口识别的精准度。

向阳村 2018 年有 112 户贫困户 200 多人退出低保。家里有存款超过 2 万元的，都得退出低保。如何查证家庭存款呢？向阳村是在雕鹗镇统一协调下，通过县里、镇里的银行查贫困户的银行存款，通知谁有存款，具体多少存款不告知（保护家庭隐私考虑），查到有一定额度以上存款的，退出低保。另外，作为一项重要扶贫措施的低保，也有说法。比如说，儿子是公办教师，父母不能享受低保，必须退出低保。村委书记万清介绍，低保有"六不评"：村主任等领导干部不评；父母有低保的不评；有固定收入的不评；家里有小汽车的、买楼房、搞门市部的不评。

四 "回头看"与重新识别

"回头看"和重新识别是精准扶贫精准脱贫的重要程序，是扶贫攻坚阶段的必须完成动作。"回头看"与贫困户的重新识别是确保扶真贫的关键，也是真扶贫的基础。

2017 年 12 月 23 日上午，审计署审计长胡泽君向全国人大常委会报告 2016 年度中央预算执行和其他财政收支审计查出问题的整改情况。被审计的各县共剔除和清退不符合建档立卡贫困人口 10.18 万人，重新识别补录贫困人口 9.51 万人，完善建档立卡数据信息 21.68 万人。一些地方还建立了扶贫对象收入财产与公安、民政、工商、税务等部门大数据比对机制，切实提高贫困对象识别精准度。已按规定向符合条件的贫困家庭发放补助或退还资金 4.01 亿元，收回违规使用的贷款及贴息补助等 2.52 亿元。①

村书记万清介绍，五保户永远脱不了贫，脱贫了就不能享受低保了。通过算账，超过赤城县扶贫标准，该贫困户就脱贫了，超不过标准则永远是低保户。

2017 年 9 月、10 月，向阳村村委和驻村扶贫队一起，在雕鹗镇陈副镇长的统一带队下，挨家挨户上门，给贫困户算账。然后，由被调查家庭户的户主在调查表上签字。根据入户收入调查表，村"两委"、驻村扶贫队、村民代表和雕鹗镇陈副镇长一起在村办公室集体开会并决定，将收入超过贫困线的剔除出贫困户，也就是这些收入超过贫困线的家庭户就"脱贫"了。

2017 年 9 月、10 月的重新识别贫困户工作中，向阳村原有 227 户贫困户减少了一半，只剩 112 户贫困户。当然，这其中也有原来是非贫困户，这次成为贫困户的。住户问卷调查的王万海一家，原是非贫困户，这次成为贫困户了。他家的具体情况是，以前没有住房，租住村主任的房子 15 年，虽说今年刚刚搬入弟弟腾退的旧房子里，但

---

① 审计署:《各地清退虚假贫困户 10.18 万人 970 人被问责》，http://www.sohu.com/a/212242799_123753。

是媳妇有病，大儿子高中未毕业就退学且年龄未满 18 岁，没法打工，小儿子还在上学。

据村书记万清介绍，2017 年退出低保的有 200 多人。低保是 1 年 2100 元，五保户有 1 年 3400 元和 3700 元两种，区别是看有无劳动能力。五保户全村有 34 人。全村有低保的共计 96 人，基本上一家一口人，如果夫妻都 80 岁以上高龄的，可以都有低保。

以下文字是河北省承德市对扶贫对象数据清洗工作的介绍，同为河北省贫困地区，一定程度上看，承德市的情况与张家口市、赤城县、雕鹗镇、向阳村的相应工作有相通或相似之处，我们可以从中看到当地扶贫工作是如何开展"回头看"和贫困户的重新识别的。

河北省承德市落实"三个精准"扎实开展扶贫对象数据清洗工作

承德市认真贯彻落实全省建档立卡扶贫对象数据清洗工作会议精神，将数据清洗作为建档立卡"回头看"收尾阶段重中之重的工作来抓，坚持政策把握精准、数据清洗精准、工作推进精准，推动全市扶贫对象数据清洗工作有序开展。

一、政策把握精准，从源头上减少错误信息。为确保纸质信息与系统录入无缝对接，5 月 21 日，市扶贫办举办了由各县扶贫办分管副主任和具体工作人员参加的全市扶贫对象数据清洗培训班，特邀国务院扶贫办信息中心副主任陆春生、省扶贫办信息中心主任安文龙授课指导，就国家和省2016年建档立卡工作总体安排、年度贫困人口确定办法、扶贫对象数据清洗内容与方式、清洗工作要求及有关业务知识等进行政策解读，并就系统转换产生的问题解疑释惑，为从源头上降低错误信息发生率提供了政策支持和业务指导。

二、数据清洗精准，从程序上保证录入质量。一是落实专人负责。安排专人负责信息核对、数据清洗工作，明确系统操作员为用户名和密钥第一责任人。二是严控规模总量。乡镇只针对清单中的贫困人口问题信息进行清洗，未经同意，禁止删减和退出贫困人口，确保"进出相宜"，保持贫困人口总规模不变。对大核查漏报、变更或其他原因未报的贫困户，严格按程序评定，经乡镇党委书记、乡镇长、乡镇分管领导、驻村工作队长、村"两委"主要负责人"五签字"后，报县扶贫办备案方可补录。三是逐户检查校验。驻村工作队长和村干部逐户校验贫困户系统信息与实际情况是否相符，数据清洗有无逻辑错误，确保贫困户相关信息准确无误，经得起检查和审计。目前，全市共清洗整理系统中贫困人口重复、身份证号码遗漏、致贫原因空缺、贫困户家庭收入数据与实际不符等问题信息2万余条。

三、工作推进精准，从机制上强化责任落实。一是建立责任落实机制。县乡两级组建了扶贫对象数据清洗工作小组，明确了县扶贫部门、各乡镇（村）和相关部门的工作责任，严格工作流程，层层把关审核，谁负责、谁签字，一旦审核发现问题，及时整改并追究责任，有效保障了数据清洗工作质量。二是建立沟通协调机制。市扶贫办业务部门对各县数据清洗过程中出现的新情况、新问题，及时与省扶贫办信息中心沟通协调，并通过电话、QQ群、微信群等途径第一时间答复解决，加快了清洗工作进度。三是建立督导检查机制。建立了市扶贫办副处级以上干部包县推进制度，每名处级干部定点联系一个贫困县，建立包县工作台账，指导各县做好扶贫对象数据清洗工作，及时发现和纠正工作中出现的偏差。对敷衍了事、整改不力的上报市委、市政府，进行通报和工作约谈，并在年终考核时予以扣分。

第四节　精准扶贫的实践与问题

赤城县和向阳村要下好精准扶贫这盘棋，必须做到扶贫对象精准、扶贫产业精准、扶贫方式精准、扶贫成效精准，如此才能确保贫困人口真正如期实现脱贫。

一　概况

向阳村在村委会会议室以海报方式张贴了帮扶单位张家口市第五医院驻村帮扶工作队制作的贫困户脱贫出列计划表，该表的内容包括：全村贫困户（户主）姓名、家庭人口、致贫原因、上年人均可支配收入（元）、帮扶措施和预计脱贫时间。致贫原因主要包括：因病、缺劳动力、自身发展动力不足、缺技术、缺资金、缺土地和其他。帮扶措施以种植和养殖为主，包括：在家种地，种植谷子、土豆、西葫芦，养羊，养肉牛。向阳村原定计划的全体脱贫时间是2016年12月（见图5-16）。

张家口市和赤城县就精准施策、解决"怎么扶"问

贫困户脱贫出列计划表

帮扶单位：张家口市第五医院
驻村工作组组长：钟启明
成　员：吴俊江、张佳毅

贫困户姓名	家庭人口	致贫原因	上年人均可支配收入（元）	帮扶措施	预计脱贫时间
李桂斌	1	自身发展动力不足	2800	养肉牛	2016.12
赵文玉	2	缺资金、缺土地	2700	种植谷子	2016.12
王玉珍	1	缺资金、因病	2800	养肉牛	2016.12
艾玉连	2	因病、缺土地	2800	种植谷子	2016.12
常玉清	2	缺资金、缺劳动力	2810	种植土豆	2016.12
崔荣	2	自身发展动力不足、因病	2840	种植谷子	2016.12
崔兴花	1	自身发展动力不足、其他	2800	养肉牛	2016.12
杜满才	1	自身发展动力不足、其他	2750	种植谷子	2016.12
杜满凤	1	因病、其他	2800	种植土豆	2016.12
杜满富	2	缺资金、缺土地	2800	种植土豆	2016.12
高桂青	1	因病、其他	2800	种植谷子	2016.12
葛桂生	5	缺资金、因病	2840	种植谷子	2016.12
郭金凤	1	缺资金、因病	2800	种植谷子	2016.12
郭守银	1	自身发展动力不足、其他	2844	种植谷子	2016.12
何晓花	2	缺资金、缺劳力	2780	种植谷子	2016.12
何玉婵	1	因病、其他	2650	种植土豆	2016.12
胡桂英	3	缺劳力、其他	2870	种植谷子	2016.12
李桂	1	因病、其他	2700	种植谷子	2016.12
李森林	1	因病、其他	2690	养肉牛	2016.12
林桂忠	2	缺资金、因病	2800	养肉牛	2016.12
林其海	1	因病、其他	2650	种植谷子	2016.12
刘祥	1	缺资金、缺技术	2860	种植谷子	2016.12
刘玉芳	2	因病、其他	2866	种植谷子	2016.12
吕长贵	4	缺资金、因病	2650	种植谷子	2016.12
王典	1	自身发展动力不足、其他	2650	种植谷子	2016.12
王桂英	1	缺资金	2746	种植土豆	2016.12
王金莲	1	缺资金	2700	种植土豆	2016.12
王润	2	因病、其他	2799	种植土豆	2016.12
王全	3	缺资金、因病	2766	种植土豆	2016.12
王守林	3	缺劳力、因病、缺资金	2800	种植土豆	2016.12
王玉萃	2	缺资金、缺土地	2750	种植谷子	2016.12
王玉先	1	缺资金	2800	种植土豆	2016.12
吴彦斌	2	缺技术、缺土地	2800	种植谷子	2016.12
奚富	2	缺资金、因病	2750	种植西葫芦	2016.12
奚河	1	缺资金、其他	2660	种植谷子	2016.12
奚润	2	缺劳力、缺土地	2866	种植谷子	2016.12
杨德明	1	因病、其他	2750	种植谷子	2016.12
杨树军	1	因病、缺资金	2780	种植土豆	2016.12
杨树武	4	缺技术、缺土地	2755	种植谷子	2016.12
杨永生	2	缺劳力、缺土地	2866	种植谷子	2016.12
杨占山	1	缺资金、因病	2800	养肉牛	2016.12
张成	1	因病、缺资金	2800	种植谷子	2016.12
张春颂	2	其他	2800	种植谷子	2016.12
张国支	1	缺资金、缺土地、缺水	2766	种植土豆	2016.12
张海	1	缺资金、缺技术	2780	种植谷子	2016.12

图 5-16　向阳村贫困户脱贫出列计划表

题，采取群众"点菜"、政府"下厨"方式，做到"三个一"，即为贫困户建立一本扶贫台账、制订一个脱贫计划、定做一套帮扶措施。坚持救济扶贫与开发扶贫"两项驱动"，对低保户、五保户等丧失劳动能力的贫困人口，织牢社会保障"网"，实行政府"兜底"、救济扶贫；对有劳动能力和劳动意愿的贫困人口，根据不同的贫困成因，因地制宜、因户施策，集中政府、市场及社会资源，主要采取就业扶贫、教育扶贫、产业扶贫、基础设施扶贫等模式给予个性化、精准化帮扶。以下是 2016 年张家口市农村扶贫、脱贫攻坚举措的具体介绍。①

2016 年 3 月 1 日，在河北省扶贫开发领导小组召开的 2016 年第一次全体会议上，张家口市介绍了农村扶贫、脱贫攻坚的新举措。一是重新调整了扶贫开发领导小组，由市委、市政府主要领导同志担任组长，实行领导小组双组长制度，强化对扶贫开发工作的组织领导。各县区也根据要求分别调整了领导小组结构，切实把双组长制落实到位。二是加大脱贫攻坚资金投入。2016 年，市本级在财政紧张的情况下，拨付财政资金 3890 万元用于脱贫攻坚，其中投入 1000 万元用于驻村帮扶工作组开展工作，投入 1300 万元用于农村致富创业和劳动力转移培训，投入 1100 万元用于农村低保提标、重度残疾人补贴和扩权县外贫困县农村幸福院基础设施建设，投

① 河北省扶贫开发办公室，《扶贫开发简报》第 7 期，2016 年 3 月 17 日。

入 490 万元用于贫困村公益事业建设、环境治理和产业提升。三是结合美丽乡村建设，大力实施整村推进脱贫工程，市县两级财政安排 4 亿元作为偿贷基金，依托投融资平台，撬动金融部门资金，平均每村投入 1000 万元集中攻坚，2016 年将 234 个建档立卡贫困村整村推进，进一步打造成美丽乡村。四是市抽调市直部门优秀干部 1200 人组成 400 个驻村工作组，驻村工作组组长兼任贫困村第一书记，同时市成立了驻村工作管理办公室，负责驻村工作的日常管理。五是提标兜底助推脱贫攻坚。全市农村低保保障标准由 2250 元提高到 2900 元，月人均补助由 130 元提高到 150 元。农村五保户集中供养对象年供养标准由 5000 元提高到 5500 元，分散供养对象年供养标准由 2600 元提高到 3000 元。

二 扶贫项目的选择

（一）河北省对于全省贫困村的扶贫项目选择

河北省扶贫目标：确保到 2020 年，全省现行标准下 184.3 万农村贫困人口实现稳定脱贫，7366 个贫困村全部出列，62 个贫困县全部摘帽，解决区域性整体贫困，坚决打赢扶贫脱贫攻坚战。[1]

---

[1] 《河北省扶贫脱贫工作会议召开：深入贯彻党的十九大精神举全省之力打赢扶贫脱贫攻坚战》，http://www.hebfp.gov.cn/webFup/sysArticles/fupinyaowen/20171205181141781.html。

河北省扶贫开发办公室2017年11月3日公布的《2017年中央和省级财政扶贫资金下达（各市县）公示》显示：河北省总额度为31.3747亿元，其中中央财政扶贫基金22.9271亿元，占73.08%，河北省财政扶贫基金8.4476亿元，占26.92%；赤城县总额度5243万元，其中中央财政扶贫基金3626万元，占69.16%，河北省财政扶贫基金1617万元，占30.84%。①

（二）张家口市对赤城县雕鹗镇向阳村的扶贫项目

据村委书记万清介绍，近十多年来，张家口市主要通过帮助打机井、解决吃水难问题，开展对向阳村扶贫和脱贫工作。以下文字是当时新闻媒体报道的向阳村打机井、解决吃水问题等有关情况。

《河北经济日报》2016-09-05 16:17《赤城县向阳村百年水梦终得圆》

本报讯（通讯员王满龙）"出水了，出水了！"8月24日，赤城县雕鹗镇向阳村的第6眼机井终于打出了水，近千名村民将结束几百年来车拉瓢舀、排队取水的生活。

向阳村地处"北方大丹霞——四十里长嵯"脚下，这里具有典型的火山岩地貌。20世纪90年代前后打了5眼机井，都没能打出水来，村里370多户近千口人和2000多头牛羊

---

① 《2017年中央和省级财政扶贫资金下达（各市县）公示》，http://www.hebfp.gov.cn/webFup/sysArticles/tongzhigonggao/20171103170739493.html。

牲畜只能仰仗东山的"空山水"解渴，打一桶水要二三十分钟。2015年，向阳村村"两委"换届时，从县自来水公司退休的万清当选为村主任。为了找水，年近六十的万清主任找到了辽宁营口的打井奇人——牛连奎。从去年9月开始，牛连奎先后来了八九次，找到了开钻的地方，今年8月24日中午开始钻井，下午6点多打到130多米时见水，25日上午11时一股清泉喷涌而出，在场的人们激动地抱头痛哭。

《张家口在线》2005-10-25《赤城向阳村有望告别饮水难》

10月21日上午10时，赤城县雕鹗镇向阳村鞭炮齐鸣，钻机隆隆，由市委书记刘永瑞，市长高金浩，市委副书记、组织部长郑雪碧，副市长张钰等领导批示解决吃水难问题的新井正式开钻。新井落成后，向阳村及邻村人畜饮水困难的状况将成为历史。

8月22日，本报以内参形式，将《赤城向阳村吃水难现状调查》文章发向市委、市政府等部门。内参发出后，立即引起市领导的高度重视。市委书记刘永瑞，市长高金浩，市委副书记、组织部长郑雪碧，副市长张钰先后做出批示，要求市扶贫办、市水务局、市发改委就此进行解决；9月15日，市长高金浩对市发改委、水务局、扶贫办等部门联合做出的"关于赤城县雕鹗镇向阳村农村饮水工作的调查报告"进行再次批示，市领导在批示中要求各相关部门积极协调联动起来，尽快制定方案解决该村及类似乡村人畜饮水困难。

我市相关部门在接到市领导批示后第一时间聘请水文地质专家深入向阳村进行实地调查、勘测，制定出详细的解决方案。赤城县政府领导班子还责成专人负责具体任务工作安排和实施。9月26日，本报前往该县就向阳村打井事宜的进一步落实进行走访。据现场华田钻井公司打井队古队长介绍，预计打到井下200多米处就会出水。

（三）赤城县对全县贫困村的扶贫项目

从赤城县扶农办《2017年赤城县统筹整合财政涉农资金使用计划表》看，赤城县的扶贫项目（2017年整合涉农财政资金总额2.0661亿元）包括且不限于以下方面。

1. 村级光伏扶贫电站项目

赤城县2016年、2017年连续实施村级光伏扶贫电站项目（分别整合财政涉农资金4459万元和3001万元），平均每村（按2017年在147个贫困村实施的标准）20.4万元。

2. 金鸡产业扶贫项目

实施地点：龙关镇周村；整合涉农资金7146.57万元。资金来源：中央和省级2017年农业生产发展资金；2017年省级农业资源与生态保护补助资金；2017年省级林业补助资金；2017年林业改革资金；中央林业改革资金；2017年农村综合改革转移支付资金；2017年提前批中央财政扶贫资金；2017年部分省级财政扶贫资金；县级盘活存量资金；2017年农业综合开发省级配套资金；县级美丽乡村建设资金；2017年水利发展资金。

3. 基础设施项目

基础设施项目包含且不限于：机井水电配套项目，新打机井电力配套项目，村亮化项目（路灯购置及安装），村护坝项目（建铅丝笼护村护地坝）等用于水利发展、农田水利设施建设、水土保持，专项扶贫（以工代赈），车辆购置税收入补助地方用于一般公路建设项目（支持农村公路部分）。共计整合涉农资金1669.9万元。其中，向阳村1眼机井水利配套项目17万元，主要来自中央水利发展资金和河北省配套资金。

4. 扶贫资金到村、到户项目

来自2017年提前批中央财政扶贫资金对口91个村，来自2017年部分省级财政扶贫资金对口20个村，来自县级盘活存量资金对口38个村。合计整合涉农资金2657万元，平均每个村17.8万元。

5. 雨露计划

来自2017年提前批中央扶贫资金，对口全县农村雨露计划^①的47.4万元。

6. 培训项目

来自2017年部分省级财政扶贫资金，对口全县农村

---

① 为进一步提高贫困人口素质，增加贫困人口收入，加快扶贫开发和贫困地区社会主义新农村建设、构建和谐社会的步伐，国务院扶贫开发领导小组办公室决定在贫困地区实施"雨露计划"。作为新阶段扶贫开发工作的重要内容之一，"雨露计划"以政府主导、社会参与为特色，以提高素质、增强就业和创业能力为宗旨，以中职（中技）学历职业教育、劳动力转移培训、创业培训、农业实用技术培训、政策业务培训为手段，以促成转移就业、自主创业为途径，帮助贫困地区青壮年农民解决在就业、创业中遇到的实际困难，最终达到发展生产、增加收入，促进贫困地区经济发展。"雨露计划"的全面实施，标志着我国的扶贫开发工作由以自然资源开发为主阶段，发展到自然资源开发与人力资源开发并举的新阶段。

培训项目的 50 万元。

7. 产业化补助项目

来自县级财政投入，对口 6 个乡镇产业化补助项目的 196 万元。

8. 农村环境综合整治项目

来自县级财政扶贫资金，对口 15 个乡镇的农村环境综合整治项目 19.8 万元。

9. 扶贫小额信贷担保项目

来自县级风险补偿担保资金，对口全县农村的扶贫小额信贷担保项目 100 万元。

10. 蔬菜产业发展项目

来自省级产业发展补助资金，对口田家窑镇蔬菜产业发展项目的 250 万元。

11. 停止天然林商业性采伐项目

来自中央 2017 年林业改革资金，对口全县的停止天然林商业性采伐项目 45 万元。

12. 国家重点公益林补助项目

来自中央 2017 年林业改革资金，对口全县的国家重点公益林补助项目 507 万元。

（四）向阳村获得的扶贫项目或扶农项目

2017 年，向阳村 1 眼机井水利配套项目 17 万元，主要来自中央水利发展资金和河北省配套资金。根据《赤城县"十三五"扶贫开发规划》，"十三五"期间，赤城县将给向阳村街道硬化工程投资 19.25 万元（建筑面积 2750 平方米，每平方米投资 70 元），将给向阳村的"赤城县贫困村光电网络通村工程"补助 31500 元。

三 扶贫成效考核机制

2017 年年初，河北省委办公厅、省政府办公厅印发《河北省市级党委和政府扶贫开发工作成效考核办法》，并发出通知，要求石家庄市、承德市、张家口市、秦皇岛市、保定市、沧州市、衡水市、邢台市、邯郸市党委和市人民政府，省直各部门，各人民团体结合实际认真组织实施。考核办法全文见文末的附录 3。

河北省扶贫办进一步研究完善对有关市、县扶贫成效考核机制，细化实化第三方评估机制，提高精准扶贫内容的权重。下好精准扶贫这盘棋，做到扶贫对象精准、扶贫产业精准、扶贫方式精准、扶贫成效精准，确保贫困人口真正如期实现脱贫。

河北省省扶贫办——完善扶贫成效考核机制

河北省省扶贫办深入贯彻落实全省深化机关作风整顿大会精神，以强化"四个意识"为统领，以深化作风整顿为抓手，真抓实干，吹糠见米，确保打好年度脱贫攻坚战。

河北省委、省政府召开全省深化机关作风整顿大会之后，省扶贫办迅速召开党组扩大会议，认真传达学习大会精神，研究部署贯彻落实意见。

树牢"四个意识"，扛起脱贫攻坚责任。紧紧围绕贯彻落实习近平总书记视察张家口重要讲话精神，进一步研究完善对有关市、县扶贫成效考核机制，细化实化第三方评估机制，提高精准扶贫内容的权重。下好精准扶贫这盘棋，做到扶贫对象精准、扶贫产业精准、扶贫方式精准、扶贫成效精准，确保贫困人口真正如期实现脱贫。

增强放管服意识，着力提升扶贫工作服务水平。在机关开展"深化放管服改革，优化服务环境建设年"活动。采取发放征求意见函、深入基层调研等方式，广泛征求服务单位和对象意见建议，在扶贫数据统计、考核评估、项目备案等方面，搞好流程再造，确保程序更严谨、方法更科学。进一步完善决策程序，认真听取有关各方特别是基层群众意见，使政策措施制定更接地气。加大政务公开力度，利用各种方式把决策过程、服务成果公示出来，主动接受监督，提高扶贫工作群众满意度。

突出问题导向意识，做实机关作风整顿工作。针对存在的组织观念不强、创新动力不足、作风不过硬、机制创新不够等问题，省扶贫办党组和党组成员对号入座、主动认领，通过深化"两学一做"学习教育等措施，推动机关作风大转变、脱贫攻坚见实效。

四 村"两委"的问题

上届村委书记（村主任）贪污腐败（虚报退耕还林

补贴款并将其全部占为己有），被其他村委揭发，判刑入狱。根据住户调查和问卷访谈，被调查访问的村民对本届村"两委"的工作也存在一些看法。比如，住户调查时，有村民反映了向阳村中的低保（最低生活保障）"关系保"问题。访谈中，也有村民反映了村务（包括村财务）、扶贫工作不太透明的问题。因为扶贫事关全村群众利益，绝大部分村民都会比较关注。村"两委"的凝聚力、号召力和行动力明显存在短板，信息不够公开、不够透明的情况还是一定程度上存在的。在扶贫攻坚的关键阶段，向阳村村"两委"亟须做好工作、带领全体村民齐心协力攻坚克难。

第五节　精准脱贫的实践与问题

2016 年，向阳村有 227 户贫困户。2017 年 10 月初，在向阳村和雕鹗镇的协同努力下，贫困户数量减少了 115 户，只剩下 112 户。按照万清村书记（村主任）的说法，如果他能在 2018 年的村委会选举中继续获选担任村委书记，那么向阳村贫困户将于 2019 年全部脱贫。从 2017 年 10 月初向阳村完成的这批 115 户贫困户脱贫工作看，组织形式完备，收入调查表是挨家挨户上门填写并由户主签字，村民代表、村"两委"和雕鹗镇副镇长共同参与完成的，据万清主任介绍，都有照相和公示，被访谈脱贫户也证实了这一点。因此，可以说，这次脱贫的贫困户是真的脱贫了，精准脱贫得到了一定程度的保障。

尽管如此，课题组在村民访谈过程中发现，村民们普遍对精准识贫、精准扶贫和精准脱贫的工作流程不是很清楚，很多村民也没有表现出特别关心，即村民参与积极性不高。扶贫攻坚关键阶段，向阳村精准识贫、精准扶贫和精准脱贫的工作仍有粗糙或不透明之处。这些问题需要在未来的扶贫脱贫工作中加以克服和改善。

第六章

问题、经验与建议

按照党中央决策部署，距 2020 年全面建成小康社会只剩下不到 2 年时间，精准扶贫精准脱贫伟大实践已经进入扶贫攻坚的关键阶段。作为环京津贫困带的一个普通山村，河北省张家口市赤城县雕鹗镇向阳村的精准扶贫精准脱贫实践只是整个中国宏大反贫困斗争的一个小小的缩影。通过全面、细致和深入地调查分析研究向阳村的扶贫、脱贫实践，从中总结经验和教训，我们能够得到一些启示，重新深入思考如何改善扶贫攻坚决胜阶段的工作思路、具体措施和做法。

第一节　问题与经验

一　发现的问题

通过对向阳村干部群众的座谈、访谈、问卷调查，结合收集上来的各个方面公开发布的信息资料，"精准扶贫精准脱贫百村调研"河北省张家口市赤城县雕鹗镇向阳村课题组有以下主要发现。

（一）客观自然环境、社会经济发展限制和主观积极性不足的态度与观念是向阳村陷入贫困的两大关键因素

首先，缺少生活生产用水是向阳村长期深陷贫困状态的第一原因。很多年来，当地干部群众也一直在积极寻找办法，多次钻井取水。目前，尽管吃水、用水困难程度得到很大缓解，或者，更乐观一点，生活用水问题得到了基本解决（在非旱季里），但仍未能彻底解决，种植等生产用水尚不能得到根本保障。缺乏最基本的生活与生产用水，不仅影响向阳村居民的日常生活，也深深地制约了全村的种植养殖等农业生产发展，不利于脱贫攻坚的有效实施。

其次，向阳村所属赤城县地处环京津贫困带，几十年来，为了保障北京的用水，当地限制发展各类高耗水产业（包括农业），经济发展动力先天不足。近年来，为了打赢北京蓝天保卫战，当地又关停了大量污染企业。如果说当

前北京市已经完成工业化、天津市正处于工业化后期，那么，河北省正处于工业化进程之中，赤城县则仍属于农业大县、工业很不发达。原有的高污染小规模工业企业被取缔关停之后，当地吸纳农村转移劳动力的能力变弱。大部分农村剩余劳动力只能外出寻找工作机会和非农收入来源。这减弱了当地自身的或自带的扶贫攻坚动力源。

最后，当地村民长期处于贫困环境中，思想观念和行为方式形成了"贫困惯性"，"等、靠、要"思想严重。作为国家级贫困县，中央、省、市和县等各级政府提供给农村的低保、五保、扶贫项目和资金或扶农项目和资金是当地农村干群关注的焦点，靠自身努力积极脱贫的信念不坚、动力不足。

（二）家庭结构或家庭劳动力数量及质量是影响向阳村家庭户陷入贫困的重要因素

问卷调查和访谈发现，贫困户缺乏劳动力，不仅平均劳动力数量明显少于非贫困户，而且劳动力的平均年龄更老、受教育水平更差、劳动能力更差。受限于家庭成员的生病及照料，贫困户中的劳动力在外务工的时间明显偏少，农业收入和非农收入都明显更少。老年空巢家庭、老年单人户是贫困户的主要构成，贫困户中很少存在三代同堂大家庭，而三代同堂大家庭在非贫困户中并不罕见。一定程度上，低保、五保等我国现行民政、扶贫政策鼓励了农村大家庭分户行为，造成了村落中老年空巢家庭和老年单人户的增多。

（三）精准识贫工作的执行度仍有待加强

脱贫攻坚关键阶段，全国上下都强调精准识贫、精准扶贫和精准脱贫。同时，全面从严治党和严厉反腐永远在路上。在精准识贫工作中，雕鹗镇、向阳村的干部和村民代表能够做到按规定程序做好扶贫工作——入户调查、填表、签字确认、开会讨论、公示等各环节都有照相留档。不过，程序合规并不能完全保障精准识贫。在国家或上级要求的程序、规则之外，村干部等村落精英还是有一定的操作空间。课题组认为，能够存在这种空间的原因还是在于贫困线的绝对性、贫困的相对性以及村落的"不患寡患不均"思想、观念与文化。也就是说，除了明显的贫困户之外，其他所谓的贫困户和非贫困户之间很可能并不存在本质的差别。由此导致贫困户也变成了类似低保等由村集体分配的"公共资源"。课题组发现，向阳村村民认为贫困户的唯一"好处"是每年不超过 3600 元的种植补贴，非贫困户不太认可村里贫困户的核定，贫困户中也存在不认可贫困户核定的情况。低保和贫困户整顿虽然取得较好效果，但仍存在向阳村群众口中的"不是贫困户的贫困户"或者"不该领低保而领低保"的情况。

（四）精准扶贫缺乏有效措施，对向阳村的帮扶措施主要属于"授之以鱼"而非"授之以渔"

向阳村村民和村干对扶贫措施的关注点主要是两大

方面。一是机井配套和太阳能路灯安装等基础设施帮扶，二是种粮补贴、低保或五保补助、危房改造补助。相对而言，种粮补贴和低保补助更受重视。这背后的原因相当好理解，基础设施帮扶是面向全体村民的，而种粮补贴只有贫困户能够得到、低保或五保和危房改造补助也只有部分家庭或家庭成员能够获得。这也导致了如同村里低保名额分配类似的难题，精准识贫存在困难。村干部和部分村民精英更容易被"评为"贫困户，获得贫困户相关联的补贴。当然，随着国家精准扶贫、精准脱贫工作的深入和细化，精准识贫中的偏差得到了一定程度的纠正。2017 年 10 月初，向阳村根据上级规定的"六不评"原则取消了一批低保户，根据入户收入调查表让一些贫困户脱了贫、也让部分非贫困户成为贫困户。"扶贫就是给钱"是大多数向阳村村干部对扶贫的总体想法。当看到张家口市第五人民医院派来的驻村扶贫队只能给村集体、五保户、贫困户和小学生各种钱物，并且这些钱物的价值仅约为 15000 元，村主任（村委书记）万清直言，没有别村的帮扶队给的钱多，"没给什么钱"。向阳村驻村扶贫工作队的情况说明，帮扶方和被帮扶方之间还需要更加细致的匹配，不能简单地搞拉郎配或随意分配，而应该结合实际情况做好配对。比如，向阳村最缺乏生活与生产用水，在村主任（村委书记）万清是赤城县自来水公司退休人员的情况下，上级选派水利相关部门组成驻村帮扶队似乎更妥。

（五）扶贫项目在不同贫困村的分配存在一定的不均衡现象

通过查看赤城县扶农办网站公开公布的数据，课题组发现，扶贫或扶农项目和资金的分配存在明显不均衡现象。当然，扶贫项目和资金本就不该"撒胡椒面"、搞平均主义，但是如果过于不均，也是存在问题的。根据公开数据，课题组发现，位于雕鹗镇政府与赤城县政府之间 S353 省道路南和路北的东兴堡和黎家堡这两个村于 2017 年获得了 10 多个扶贫项目，而向阳村只有 2个项目，分别是 1 眼机井水利配套项目 17 万元和安装太阳能路灯 5.4 万元。被访向阳村村民认为，东兴堡和黎家堡这两个村算是雕鹗镇的"脸面"，这两个村的地理位置使得它们更容易被上级"看见"，这两个村的地位更高，得到的扶贫项目或扶农项目及资金更多。向阳村则距离 353 省道还有 3.5 公里，相对偏僻、交通不便，不太容易"露脸"。

（六）扶贫攻坚阶段的农村反贫困实践中，向阳村干部群众齐心协力扶贫攻坚的积极性仍显不足

作为长期贫困村，向阳村干部群众关系比较疏离。上任村委会主任（兼村支部书记）虚报农业林业补贴，被其中一名村"两委"委员举报并最终判刑入狱。村干部之间的相互信任和村民对村干部的信任都遭到严重破坏，村落内部社会信任基础十分脆弱。尽管砖瓦厂已经被取缔关

闭，在村集体原址上新建的沥青搅拌厂还是能够为向阳村带来一定的收益。然而，根据课题组对村干部和村民的调查访谈情况看，与之前的砖瓦厂一样，沥青搅拌厂与村集体的经济关系也不能说是公开和透明的。这里的关键原因，还是向阳村干部和群众长期以来存在隔阂，向阳村村主任（村委书记）和村"两委"等村干部仍需要秉持全心全意为老百姓服务的初心，唯有如此，广大村民才更可能与村集体同心同德、共同投入脱贫攻坚的行动中。另外，扶贫项目和扶贫资金使用的公开性和透明性仍然有待提高。前两年国家的扶贫项目和扶贫资金是以种植补贴形式直接发到贫困户的银行卡上，2017 年则是把部分扶贫款（每个贫困户 6000 元）入股张家口市鸿基矿业木业公司并告知贫困户"以后年年有分红"。在上级政府部门的监督检查下，据向阳村村主任（村委书记）万清讲，这些扶贫款"最终没有入股"。然而，据部分村民反映，大部分村民并不知道这些扶贫款的最终去向。种种情况表明，精准扶贫精准脱贫、脱贫攻坚关键阶段，项目及财务信息透明度不高、村干部被信任程度不高、村干部和村民人心不齐是向阳村扶贫工作亟须解决的最大问题。

（七）向阳村村民对精准扶贫各个方面的评价整体不高，但贫困户略高于非贫困户

无论是贫困户还是非贫困户，向阳村村民对扶贫项目安排的合理性、扶贫效果的评价都不是很高，与非贫困户相比，贫困户更加认可贫困户核定的合理性。与针对贫困

户的帮扶措施相比，村民对上级安排给向阳村的机井配套项目和路灯安装等村基础设施建设更为认可。另外，村集体和村民对驻村扶贫队工作的认可度不是很高。

二 脱贫攻坚的经验

通过收集公开发布的文献资料，我们发现，赤城县采取了产业扶贫、社会兜底、教育扶贫、就业扶贫、健康扶贫和补贴政策的综合举措开展扶贫工作。精准扶贫精准脱贫的工作进展比较顺利，按其贫困村及贫困人口退出计划显示，脱贫攻坚将于 2019 年底基本完成、2020 年如期全部完成。

通过问卷调查资料和实地调查访谈资料的具体分析，我们发现，向阳村同样采取了产业扶贫、社会兜底、教育扶贫、就业扶贫、健康扶贫和补贴政策的综合举措进行精准扶贫精准脱贫工作。与赤城县扶贫工作相比，向阳村在低保补助等社会兜底和种粮补贴上投入更多，产业扶贫、就业扶贫和健康扶贫相对少一些。

总体而言，向阳村脱贫攻坚进展顺利。截至 2017 年10 月，向阳村贫困户减少一半，50% 贫困户脱贫。向阳村村主任（村委书记）万清介绍，原有 227 户贫困户中已有 115 户于 2017 年 10 月初脱贫，剩下 112 户贫困户预计在 2019 年年底脱贫。无论精准识贫、精准扶贫和精准脱贫中存在什么样的问题和不足，按照贫困线标准，向阳村整体脱贫的目标是能够按期达到的。

除了接受国家和社会扶贫支持与帮助，向阳村及其村民自身的积极主动性也是其脱贫的关键。尽管身处环京津贫困带，产业发展、经济发展受到一定的限制，与全国各地农村类似，向阳村村民外出务工赚取非农收入的情况也很常见。向阳村距离北京市区只有3~4个小时的长途汽车车程，距离北京市延庆区更近。赤城县、向阳村的农民在北京务工的情况不罕见，特别是在北京"烧锅炉"是当地农民冬季外出务工的一项"特色"工种。一定程度上讲，对于向阳村的部分村民百姓而言，客观上，北京确实发挥了很强的区域带动作用，对该村村民的就业脱贫起着不可或缺的关键正效应。

第二节　讨论与建议

一　讨论

千百年来，向阳村一直没有摆脱穷根的原因是自然环境的恶劣。缺水是第一大问题。缺水影响了基本生活，也深刻影响了农业生产。整个向阳村的经济条件不好，生活条件不便，很难吸引外面适婚女性，向阳村光棍问题也很突出。针对这个吃水难问题，几十年来，张家口市、赤城县一直没有放弃帮助向阳村钻打机井，然而，一直没有取得决定性的彻底成功。很多时候，钻井失败了，消耗了大量的财力、物力和人力。最近一次的钻井是由现任村委书记（村主任）万清带领村民一起干的。2015年，万清由县自来水公司退休，然后来到向阳村任村委书记和村主任，他带领大家终于钻出水来，村里也家家户户用上了自来水。可是，在干旱季节，机井也停水了。2017年的旱季，万清只能带着向阳村群众将接在机井的自来水管暂时接在了山上的山泉水水源。山泉水水源也同样面临干旱时节缺水的问题，向阳村村民在干旱季节还是需要去镇上或更远的地方运水。因此，可以讲，自然环境的限制，是向阳村脱贫奔小康的最大客观障碍。

产业扶贫也曾是向阳村走过的道路。砖瓦厂曾经解决了向阳村100多名村民就近打工、增加非农收入的问题，也解决了向阳村村集体缺少发展生产资金的问题。然而，随着国家特别是京津冀地区对环境污染的严厉治理，以燃煤为能源的砖瓦厂被取缔关停。产业扶贫之路遇到重大挫折。同时，在原砖瓦厂集体土地上新建的沥青搅拌厂并没有能够吸纳任何一名向阳村村民工作。已经运营的沥青搅拌厂职工全部来自东北的吉林省松原市。无论如何，年轻且有一定文化程度的村民可以通过职业技术培训胜任沥青搅拌厂的工作，但是，当地干部和群众并没有这么做。这一定程度说明，当地干部群众并没能百分百地解放思想、全力投入脱贫扶贫工作。

扶贫攻坚是大众的事业。扶贫攻坚阶段，向阳村干部群众需要同心协力攻坚克难。村干部需要更多一些为民服务的公心，各项扶贫工作不仅需要符合上级规定的程序，还需要广泛发动村民群众参与进来，形成良性监督。向阳村村民也需要摆脱事不关己高高挂起的老思想、老观念，更积极主动努力地投入反贫困斗争的实践中。

发挥贫困人口自身主动性是农村脱贫攻坚的核心动力源。向阳村村民对美好生活的追求是其脱贫的原动力。在各级政府和社会各界的大力支持下，向阳村村民主动去北京、河北、天津、内蒙古和东北等地务工、赚取非农收入，这更加有效地增加了家庭收入、改善了生活状况，达到了依靠自身力量摆脱贫困的终极目标。

二 建议

结合调研掌握的情况和发现的问题，本课题组针对向阳村在脱贫攻坚阶段如何更好开展精准扶贫精准脱贫提出如下建议。

（一）紧抓基层党建，增强村干和村民同心同德扶贫攻坚的信念

精准识贫、精准扶贫、精准脱贫的关键是扶真贫、真扶贫，这些离不开农村基层干部群众的衷心支持和全心投入。共产党的宗旨是全心全意为人民服务，贫困地区农村脱贫攻坚离不开共产党的坚强领导，农村基层党建必须加

强，党风必须改善，干群关系必须建设好、维护好。唯有如此，农村扶贫事业才有组织保障、人力保障，脱贫攻坚才有可能成功，2020年农村全面脱贫、全国全面建成小康社会的目标才能如期完成。

（二）紧抓规章制度落实，做到扶真贫

自精准扶贫精准脱贫政策提出以来，制度建设逐步完善。扶贫攻坚阶段，精准扶贫精准脱贫政策的相关制度落到实处是最关键的一环。唯有如此，才能够扶真贫，将真正的贫困户识别出来，进而为真扶贫提供基础条件。向阳村村"两委"和驻村扶贫工作队亟须强化制度落实的质量，真正做到公开、公平、公正地核定贫困户，真正做到扶贫工作经得起村民评说、经得起上级检查、经得起历史检验。

（三）紧抓解放思想、开拓进取，做到真扶贫

向阳村村"两委"和驻村扶贫队仍需要加强扶贫工作，在百姓吃水和贫困户帮扶两大方面尤须加大气力。一方面，吃水难问题并没有得到完全解决，使用山泉水代替机井水的事实已经证明了机井项目并未取得完全成功，山泉水供应不稳定，旱季村民百姓的饮水安全没有得到保证。因此，机井及配套项目仍然需要持之以恒久久为功，村"两委"及驻村扶贫工作队必须带领广大村民一起以实质性完全解决吃水用水难为终极目标。对于其他农村公共基础设施建设，向阳村也不能放松，通过争取上级或外部

帮扶和自身努力，尽快达到村落居住环境的显著改善。另一方面，向阳村要找到贫困户脱贫的有效举措，必须找到真正适合贫困户的脱贫项目或扶贫措施、让贫困户脱贫变为依靠"授人以渔"的自我造血模式，而不能仅仅采用种粮补贴、低保补助等"授人以鱼"的简单输血方式。

（四）紧抓使命意识，真正做到按期脱贫、如期全面进入小康社会

农村全体脱贫、贫困县全部"摘帽"是 2020 年全面建成小康社会的关键一环，是党和国家做出的庄严承诺。2017 年 10 月，向阳村原有贫困户已有一半脱贫"摘帽"，剩下的一半贫困户的脱贫工作应是更难啃的"硬骨头"，精准扶贫精准脱贫进入了脱贫攻坚的艰苦阶段。向阳村干部群众需要清醒认识到剩下一半贫困户如期脱贫任务的艰巨性，做好更强地应付更大困难的心理准备，吸取已有经验教训，在上级统一领导下，发挥主观能动性，完善改进精准扶贫精准脱贫的各项工作，最终达到全部按期脱贫的目标。

（五）主动融入和践行乡村振兴战略

农村精准扶贫精准脱贫工作应该顺应、遵从和融入乡村振兴战略。2017 年 10 月 18 日，习近平同志在十九大报告中指出，实施乡村振兴战略。2017 年 12 月 28~29 日召开的中央农村工作会议（以下简称会议）指出，实施乡村振兴战略，是解决人民日益增长的美好生活需要和不平

衡不充分的发展之间矛盾的必然要求，是实现"两个一百年"奋斗目标的必然要求，是实现全体人民共同富裕的必然要求。会议强调，走中国特色社会主义乡村振兴道路，必须打好精准脱贫攻坚战，走中国特色减贫之路。坚持精准扶贫、精准脱贫，把提高脱贫质量放在首位，注重扶贫同扶志、扶智相结合，瞄准贫困人口精准帮扶，聚焦深度贫困地区集中发力，激发贫困人口内生动力，强化脱贫攻坚责任和监督，开展扶贫领域腐败和作风问题专项治理，采取更加有力的举措、更加集中的支持、更加精细的工作，坚决打好精准脱贫这场对全面建成小康社会具有决定意义的攻坚战。会议还强调，要汇聚全社会力量，强化乡村振兴人才支撑。要加强"三农"工作干部队伍的培养、配备、管理、使用，把到农村一线锻炼作为培养干部的重要途径，形成人才向农村基层一线流动的用人导向，造就一支懂农业、爱农村、爱农民的农村工作队伍。主动融入和践行乡村振兴战略既是向阳村脱贫攻坚最终成功的根本途径，也是向阳村干群需要齐心协力共同完成的长期任务。

附 录

附录一 《河北省"十三五"脱贫攻坚规划》简介

　　河北省政府办公厅印发的《河北省"十三五"脱贫攻坚规划》，指出，到 2020 年，稳定实现农村贫困人口不愁吃、不愁穿，义务教育、基本医疗和住房安全有保障。贫困地区农民人均可支配收入比 2010 年翻一番以上，增长幅度高于全省平均水平，基本公共服务主要领域指标接近全省平均水平。确保我省 310 万农村贫困人口全部脱贫，7366 个贫困村全部出列，62 个贫困县全部摘帽。

　　产业脱贫，特色项目全覆盖，户户脱贫有门路。《规划》提出，把发展脱贫致富产业作为解决贫困问题的根本途径，建立脱贫产业体系，对有劳动能力的贫困人口，做到特色产业项目全覆盖，实现户户有脱贫门路。实施特色优势产业扶贫工程，发展特色种植业、畜牧业、林果产业、农产品加工业等。实施乡村游扶贫工程，实施电子商务扶贫工程。实施资产收益扶贫，用足财政投入形成的资产，用好集体资产收益权，用活农民宅基地使用权，推进资源开发收益共享。

　　同时，转移就业脱贫，提高贫困农民工技能培训精准度，"十三五"期间累计培训农村劳动力 10 万人。多渠道促进转移就业，创造多种就业机会，促进贫困劳动力在本地实现转移就业。开展劳务协作，促进劳务输入地、输出地的劳务协作和岗位对接。支持返乡农民工创业，在贫困地区全面落实"多证合一"登记制度改革，鼓励有条件的贫困县推行创办小微企业"零收费"。

252 亿元完成 42 万人易地搬迁脱贫,实现农村幸福院服务全覆盖。对居住在不具备基本发展条件、"一方水土养不起一方人"的地区,以及因其他因素确需搬迁的农村人口实施易地扶贫搬迁。到 2020 年,对分布在 7 个市 38 个县(区)的 42 万农村人口实施易地扶贫搬迁,其中贫困人口 19 万人。总投资约 252 亿元,人均 6 万元。《规划》提出,促进搬迁群众稳定脱贫。每个集中安置区要规划建设 1 个以上产业园区、种养基地、商贸物流园、乡村旅游示范区等,精准制定搬迁对象的扶持计划,确保搬迁一户、脱贫一户。

同时,实行兜底保障,农村幸福院服务全覆盖。实行低保线和扶贫线"两线合一",对无法依靠产业扶持和就业帮助实现脱贫的贫困人口实行政策性兜底脱贫,确保到 2020 年全省 111 万完全或部分丧失劳动能力的农村贫困人口全部脱贫,鼓励经济条件好的地方低保标准高于国家和省扶贫标准。加强贫困地区特困人员供养服务机构建设,到 2020 年,全省贫困县特困人员集中供养能力达到 70% 以上。逐步提高农村基本养老保障水平,建立适应农村老龄化形势的养老服务模式,2020 年,基本实现养老保险人员全覆盖,实现农村幸福院服务全覆盖。

贫困家庭学生读高中、大学"免费","三重保障"解决因病致贫。"治贫先治愚"。到 2020 年,全省贫困县基本实现义务教育学校标准化,基本普及学前和高中阶段教育,贫困地区基本公共教育服务水平基本达到全省平均水平。降低贫困家庭学生就学负担，对就读于省内公办普通高中、中职学校、普通高校（不含独立学院）的我省建档立卡贫困家庭学生，实行免学费、免住宿费、免费提供教科书、享受国家助学金等政策。提高贫困地区高等教育质量，高校招生加大对贫困地区倾斜力度。"十三五"期间，在国家下达国家专项计划的基础上，我省每年再上浮安排10%的专项计划，用于招收农村贫困地区学生。

完善基本医疗保险、大病医疗保险和医疗救助"三重保障"机制，到 2020 年，切实减轻农村贫困人口看病就医经济负担，防止和解决因病致贫问题。提高贫困人口门诊报销水平，提高政策范围内住院费用报销比例，取消贫困人口大病医疗保险报销起付线，降低贫困人口大病费用个人实际支出。推进贫困地区县乡村三级医疗卫生服务网络标准化建设，重点对集中连片特困地区和国家扶贫开发工作重点县给予倾斜。到 2020 年，每个乡镇卫生院至少有 2 名医师，每个村卫生室至少 1 名乡村医生掌握 5 项以上中医药适宜技术。推进分级诊疗，县城内就诊率提高到90% 左右。

附录二 2017 年 12 月河北省扶贫脱贫工作会议

河北省扶贫脱贫工作会议：深入贯彻党的十九大精神，举全省之力打赢扶贫脱贫攻坚战。

2017 年 12 月 4 日下午，全省扶贫脱贫工作会议在石家庄召开。省委书记王东峰，省委副书记、省长许勤出席会议并讲话，省政协主席付志方出席。

王东峰指出，习近平总书记对河北知之深、爱之切，特别是对革命老区和贫困地区群众充满深情，高度重视扶贫脱贫工作，多次深入阜平县和张家口市张北县等地，亲自视察指导工作，做出了一系列重要指示，给全省人民以极大鼓舞。全省各级党委、政府和广大干部群众要切实提高政治站位，把扶贫脱贫工作的思想认识和行动统一到习近平总书记重要指示和党的十九大精神上来，切实增强贯彻落实的思想自觉和行动自觉，巩固和发展取得的阶段性工作成效，坚持目标导向和问题导向，攻坚克难，举全省之力打赢扶贫脱贫攻坚战，确保如期完成党中央确定的扶贫脱贫任务。

王东峰强调，当前和今后一个时期，全省脱贫攻坚的总体要求是：深入学习宣传贯彻党的十九大精神，坚持以习近平新时代中国特色社会主义思想为统领，认真贯彻落实习近平总书记对河北扶贫脱贫工作的重要指示，牢固树立以人民为中心的发展思想，紧紧抓住国家实施区域协调发展和乡村振兴战略的重大机遇，大力实施"五个一批"

工程，突出抓好深度贫困地区脱贫攻坚，集中治理扶贫领域腐败和作风问题，确保到2020年，全省现行标准下184.3万农村贫困人口实现稳定脱贫，7366个贫困村全部出列，62个贫困县全部摘帽，解决区域性整体贫困，坚决打赢扶贫脱贫攻坚战。

王东峰强调，要突出抓好七项重点工作，全面整体推进。一要坚持实事求是，夯实工作基础，精准摸清底数、精准识别认定、精准落实政策，建档立卡，严格落实责任，构建信息化网络体系，确保把真扶贫、扶真贫、真脱贫的要求落到实处。二要坚持多措并举，突出产业和就业扶贫脱贫，确保实现稳定脱贫和可持续发展。三要坚持因地制宜，认真负责抓好扶贫搬迁，并同小城镇建设和产业园区建设相结合，确保群众搬得出留得住能致富。四要坚持生态优先，推动创新绿色发展，确保实现环境保护与脱贫攻坚的双赢。五要坚持立足当前，着眼长远发展，全面提升农村基础设施水平、公共服务水平、社保兜底水平，确保贫困地区生产生活条件得到有效改善。六要坚持改革创新，完善体制机制，确保扶贫脱贫工作始终充满活力。七要坚持突出重点，切实解决好10个深度贫困县和206个深度贫困村的突出瓶颈问题，落实特惠政策，加大帮扶力度，确保打好深度贫困地区扶贫脱贫攻坚战。

王东峰强调，要切实加强组织领导，以严格的责任制推动党中央脱贫攻坚决策部署落地见效。要强化各级党委、政府主体责任，党政一把手要履行好第一责任人的责任。要深化扶贫领域监督执纪问责和专项治理，认真学习贯彻习近平总书记对张家口市扶贫领域突出问题做出的重要指示批示，集中抓好扶贫领域腐败和作风问题专项治理。要动员各方面力量参与脱贫攻坚，为打赢扶贫脱贫攻坚战营造良好的政治氛围、舆论氛围和社会氛围。

许勤指出，习近平总书记关于扶贫开发的重大战略思想，是河北打赢脱贫攻坚战最根本遵循、最有力指导。一要坚持把脱贫攻坚作为一项极其严肃的政治担当、极其庄严的历史使命、极其紧迫的重大任务，以时不我待的紧迫感全力抓紧抓好。二要聚焦坚中之坚，以超常规的举措攻克深度贫困地区脱贫任务，打赢这场硬仗中的硬仗。三要把握主攻方向，从农业供给侧入手，以质量和标准为引领大力发展特色脱贫产业。四要注重持续发展，坚持两区同建，以搬得出、稳得住、能脱贫为目标高质量完成易地扶贫搬迁。五要狠抓扶贫领域腐败和作风专项治理，以"三严三实"的作风推进精准扶贫精准脱贫工作，确保如期全面完成脱贫攻坚任务，向党中央和全省人民交出一份满意的答卷。

会议以广电网络视频会议形式开到各市，县（市、区），乡镇和村。省四大班子领导，省法院院长，其他省级干部等在主会场参加会议。省委常委、组织部部长梁田庚主持会议。

会上，承德市、涞水县、省农业厅、省发改委主要负责同志发言。省纪委监察厅主要负责同志通报了全省扶贫领域腐败和作风问题典型案件。

附录三　河北省市级党委和政府扶贫开发工作成效考核办法

2017 年年初，河北省委办公厅、省政府办公厅印发《河北省市级党委和政府扶贫开发工作成效考核办法》，并发出通知，要求石家庄市、承德市、张家口市、秦皇岛市、保定市、沧州市、衡水市、邢台市、邯郸市党委和人民政府，省直各部门，各人民团体结合实际认真组织实施。考核办法全文如下。

第一条　为确保到 2020 年现行标准下农村贫困人口实现脱贫、贫困村全部出列、贫困县全部摘帽，构建可持续脱贫的长效机制，根据《中共中央办公厅、国务院办公厅关于印发〈省级党委和政府扶贫开发工作成效考核办法〉的通知》（厅字〔2016〕6 号）和《中共河北省委、河北省人民政府关于坚决打赢脱贫攻坚战的决定》（冀发〔2015〕27 号），制定本办法。

第二条　本办法适用于有脱贫任务的 9 个市党委和政府扶贫开发工作成效的考核。

第三条　考核工作围绕落实精准扶贫、精准脱贫基本方略，坚持立足实际、突出重点，注重考核工作成效；坚持客观公正、群众认可，规范考核方式和程序，充分发挥社会监督作用；坚持结果导向、奖罚分明，实行正向激励，落实责任追究，促使市级党委和政府进一步履职尽责，坚决打赢脱贫攻坚战。

第四条　考核工作自 2016 年至 2020 年，每年开展一次，由省扶贫开发领导小组统一组织进行，具体工作由省扶贫办、省委组织部牵头，会同省扶贫开发领导小组成员单位组织实施。

第五条　考核采取平时考核与集中考核相结合的方式。集中考核每年一次，每年年底开始，次年 3 月底前完成。

（一）平时考核。省扶贫开发领导小组对各市扶贫开发重点工作进行经常性督促检查。各市党委、政府对照年度减贫计划，记录日常工作进展台账，按时间节点报送省扶贫开发领导小组。

（二）集中考核。市级自评。各市对照省扶贫开发领导小组审定的年度减贫计划，就工作进展情况和取得成效形成自评报告，报省扶贫开发领导小组。部门评价。省扶贫开发领导小组组织省直有关部门成立考核小组，对各市自评报告和有关数据、资料进行比对、分析，对各市扶贫开发工作成效及相关考核指标进行评估。第三方评估。省扶贫开发领导小组委托有关科研机构和社会组织，采取抽样调查和实地核查等方式，对相关考核指标、特别是群众满意度进行评估，对各市扶贫开发工作成效的真实准确性进行评价。

（三）综合评价。考核小组汇总平时考核、集中考核情况，进行综合分析，形成考核报告。考核报告应反映基本情况、指标分析、存在问题等，做出综合评价，提出考核建议，经省扶贫开发领导小组审议后，报省委、省政府审定。

（四）沟通反馈。省扶贫开发领导小组向有关市反馈考核结果，并提出改进工作的意见建议。

第六条　考核采用百分制，包括以下4项内容。

（一）平时考核（10分）。根据实际工作安排，结合年度开展的综合督查、专项督查情况，重点考核各市党委、政府脱贫攻坚组织领导、协调推进及其他日常工作开展情况。

（二）集中考核（30分）。考核包括以下内容。

1.减贫成效。以"两不愁、三保障"（不愁吃、不愁穿，义务教育、基本医疗和住房安全有保障）为主要标准，考核各市建档立卡贫困人口数量减少、贫困村退出、贫困县退出和贫困地区农村居民收入增长情况。

2.精准识别。以扶贫信息动态管理为主要内容，考核各市建档立卡贫困人口识别的覆盖率和准确率、贫困人口退出的准确率。

3.精准帮扶。以对农村贫困人口实行分类扶持措施为主要内容，考核各市驻村帮扶工作情况。

4.社会保障。以政策性社会保障为主要内容，考核各市医疗扶贫、社会救助等兜底保障政策的落实成效。

5.扶贫资金。以财政扶贫资金的精准使用为主要内容，考核各市财政扶贫资金使用管理成效。

（三）所属县（市、区）精准扶贫工作成效（60分）。将省级对贫困县和非贫困县（市、区）精准扶贫考核结果，纳入市级党委、政府扶贫开发工作成效考核。其中，所属贫困县分值占50分，非贫困县（市、区）分值占10分。

（四）调整指标（±5分）。考核扶贫开发工作创新和禁止作为事项等情况。

第七条　考核中发现下列问题的，由省扶贫开发领导小组依法依规提出处理意见：

（一）未完成年度减贫计划任务的；

（二）违反扶贫资金管理使用规定的；

（三）违反贫困退出规定，弄虚作假、搞"数字脱贫"的；

（四）贫困人口识别和退出准确率、贫困识别覆盖率较低的；

（五）纪检、监察、审计和社会监督发现违纪违规问题的。

第八条　考核结果由省扶贫开发领导小组予以通报，并作为对市级党委、政府主要负责人和领导班子综合考核评价的重要依据。对出现本办法第七条所列问题的，由省扶贫开发领导小组对市级党委、政府主要负责人进行约谈，提出限期整改要求；情节严重、造成不良影响的，市级党政主要负责人和领导班子综合考核评价不得评为"优秀"等次，并实行责任追究。

第九条　参与考核工作的省直部门要严守考核工作纪律，坚持原则、公道正派、敢于担当，保证考核结果的公正性和公信力。各市应及时、准确提供相关数据、资料和情况，主动配合开展相关工作，确保考核顺利进行。对不负责任、造成考核结果失真失实的，应当追究责任。

第十条　本办法具体解释工作由省扶贫办、省委组织部承担。

第十一条　本办法自印发之日起施行。

附录四　河北省政府新闻办扶贫工作新闻发布会

河北省政府新闻办 2017 年 11 月 29 日召开新闻发布会，介绍河北省社会扶贫工作情况。据统计，党的十八大以来，各类社会帮扶主体累计向河北省投入资金 136.65 亿元。其中直接投入资金 66.86 亿元，引进资金 69.79 亿元。帮助上项目 17716 个，资助贫困学生 14422 人，举办培训班 27098 期，培训各类人员 98.91 万人次，组织劳务输出 10.79 万人。

多年实践看，我省社会扶贫呈现出三个特点：主体多元、形式多样、内容丰富。其中，各级党政机关、群众团体、民主党派是社会扶贫的主要力量。"我省坚持政府引导、多元主体、群众参与、精准扶贫的基本原则，进一步健全贫困村驻村帮扶、贫困户结对帮扶机制，创新和完善人人皆愿为、人人皆可为、人人皆能为的社会扶贫参与机制，形成政府、市场、社会协同推进的大扶贫格局。"省扶贫办党组副书记、副主任吴时茂介绍。

京津冀扶贫协作方面，2016 年至 2020 年，北京市安排张承保相关地区对口帮扶资金 35.68 亿元，天津市安排承德 5 县对口帮扶资金 12 亿元。

"千企帮千村"精准扶贫行动方面，截至目前，已有 1020 家民营企业结对帮扶 1220 个贫困村，实施项目 1603 个，投入帮扶资金 120561.4 万元。

在脱贫攻坚最后阶段，河北省将重点开展九个方面的社会扶贫工作。

深入开展定点扶贫。32个中央、国家机关和有关单位定点帮扶我省40个国定贫困县，实现了帮扶全覆盖。

深化省内区域协作扶贫。建立经济发达地区与贫困地区协作扶贫机制，唐山市协调联系承德市，廊坊市协调联系张家口市。

动员驻冀部队、武警部队扶贫。将驻冀部队和武警部队定点扶贫工作纳入地方扶贫计划，与贫困县、贫困村建立定点挂钩关系，开展定点扶贫工作。

强化干部驻村扶贫。驻村帮扶单位实行全员帮扶贫困户，实现"村有驻村工作队、户有帮扶责任人"两个全覆盖，不脱贫不脱钩。

倡导民营企业扶贫。实施"千企帮千村脱贫工程"，选定省内1000多家民营企业签约结对帮扶1020个贫困村。

推进社会组织扶贫。充分发挥社会组织在扶贫资金募集、项目实施、教育培训、政策宣传、生态保护等方面的专业优势，协助解决贫困群众脱贫致富的实际困难和问题。

动员公民个人扶贫。发挥工会、共青团、妇联、残联、侨联等单位组织动员优势，依托各类社会组织，创新服务支撑体系。鼓励引导社会各界人士通过爱心捐赠、志愿服务、结对帮扶等形式参与扶贫，开展捐赠3000元扶持发展家庭手工业等活动。

创新"扶贫日"活动模式。以每年10月17日全国"扶贫日"为契机，大力倡导"一份捐赠，一份爱心"的公益理念，通过开展"情暖燕赵、扶贫济困"系列活动，为社会各界参与扶贫、奉献爱心搭建有效工作平台。

实施"互联网＋扶贫"行动。省扶贫开发领导小组印发了《关于"互联网＋扶贫"实施方案》。省扶贫办与阿里巴巴集团签署了合作备忘录，启动"阿里·河北"扶贫计划，着手建立社会扶贫网络信息平台，实施"十百千万"电商扶贫工程。

附录五 河北省学生资助政策简介（2017）

河北省教育厅公布了"河北省学生资助政策简介（2017）"，明确了从幼儿园到义务教育再到大学的各种减免学费、奖学金、补助的对象、标准等。

学前教育阶段

资助对象：在公办幼儿园和普惠性民办幼儿园在园的家庭经济困难儿童。

资助标准：原则上每生每年 500~1000 元。

资助面：受助儿童占在园儿童的 10% 左右。

义务教育阶段

（一）免除学杂费

对城乡义务教育阶段公办学校学生免除学杂费；民办学校学生免除学杂费标准按照中央确定的生均公用经费基准定额执行（现行标准每生每年小学 685 元、初中 885 元），学校相应降低义务教育学生收费标准。

（二）免费提供教科书

向所有城乡义务教育阶段学校学生免费提供国家规定课程教科书。

（三）补助贫困寄宿生生活费

资助对象：城乡义务教育学校家庭经济困难的寄宿学生。

资助标准：小学每生每年 1000 元，初中每生每年 1250 元。

资助面：全省平均占在校寄宿学生的 26%。

高中教育阶段

（一）普通高中国家助学金

资助对象：具有正式注册学籍的普通高中在校生中的家庭经济困难学生。

资助标准：平均每生每年 2000 元。

资助面：占普通高中在校生总数的 20% 左右。

（二）中等职业学校国家助学金

资助对象：具有中等职业学校全日制学历教育正式学籍的一、二年级在校涉农专业学生和非涉农专业家庭经济困难学生。非涉农专业资助比例占扣除涉农专业学生后在校生数的 15%。我省纳入国家燕山—太行山区连片特困地区的 22 个县的中等职业学校农村学生（不含县城）全部纳入享受助学金范围。具体包括：保定市的涞水县、阜平县、唐县、涞源县、望都县、易县、曲阳县、顺平县；张家口市的宣化、张北县、康保县、沽源县、尚义县、蔚县、阳原县、怀安县、万全区；承德市的平泉市、承德县、隆化县、丰宁满族自治县、围场满族蒙古族自治县。

资助标准：每生每年2000元。

（三）中等职业学校免学费政策

资助对象：公办中等职业学校全日制正式学籍一、二、三年级在校生中所有农村（含县镇）学生、城市涉农专业学生和家庭经济困难学生免除学费（艺术类相关表演专业学生除外）。

免学费补助标准：位于11个设区市市区的学校每生每年2300元，位于县（市）城区和乡镇的学校每生每年1600元。

高等教育阶段

（一）国家奖学金

奖励对象：特别优秀的二年级以上（含二年级）的全日制普通高校本专科（含高职、第二学士学位）在校生。

奖励标准：每人每年8000元。

（二）国家励志奖学金

奖励对象：品学兼优、家庭经济困难的二年级以上（含二年级）的全日制普通高校本专科（含高职、第二学士学位）在校生。

奖励标准：每人每年5000元。

（三）国家助学金

资助对象：全日制普通高校本专科（含高职、第二学士学位）家庭经济困难的在校生。

资助标准：平均每生每年 3000 元。

（四）国家助学贷款

1. 校园地助学贷款（国家开发银行河北省分行承办，目前仅在省属公办 28 所高校开办）

贷款对象：家庭经济困难的全日制普通高校本专科生（含高职、第二学士学位）和研究生。

贷款金额：本专科生每生每学年最高申请金额不超过 8000 元，研究生每生每学年最高申请金额不超过 12000 元。

贷款利息：贷款学生在校学习期间的国家助学贷款利息全部由财政补贴，毕业后的利息由贷款学生本人全额支付。

2. 生源地信用助学贷款（农村信用社承办）

贷款对象：参加普通高考并被录取的河北籍学生。贷款金额：本专科生每生每学年最高申请金额不超过 8000 元，研究生每生每学年最高申请金额不超过 12000 元。

贷款方式：由学生户籍所在地农村信用社县（市、区）联社统一办理。

贷款利息：贷款学生在校学习期间的助学贷款利息全部由财政补贴，毕业后的利息由贷款学生本人全额支付。

附录六　赤城县扶贫项目管理细则（试行）

为适应精准扶贫新形势，新要求，加强扶贫项目管理，根据国家有关扶贫开发和项目管理有关规定，制定本细则。

第一章　项目申报范围

1. 扶贫项目安排主要用于产业项目，与贫困户增收直接相关的基础设施建设项目，可适当安排产业扶贫项目配套基础设施项目。

2. 按照"项目精准"原则，对有劳动能力和经营能力强的贫困户，直接扶持到户；对有劳动能力但自主经营相对困难的贫困户，坚持贫困户自愿原则，采取股份合作制形式，实现资本到户、权益到户。

第二章　项目报批程序

一　项目申报

1. 村委会按照项目申报要求召开全村贫困户会议，谋划确定扶贫项目，单体项目内容包括项目名称、建设内容、实施地点、投资估算、扶贫模式、扶贫效益、产业项目增收效益、脱贫户数人数等，报乡镇政府。

2. 乡镇政府成立扶贫项目评审工作小组，负责评审各贫困村申报的扶贫项目，编制乡镇扶贫项目、资金计划报县扶贫办、财政局。县扶贫办会同财政局将项目计划编入项目库，编制当年扶贫项目计划。

二 项目评审审批

1. 成立扶贫项目评审工作小组，负责组织项目评审。评审小组由县委副书记担任组长，主管副县长担任副组长，成员由扶贫办、财政局、发改局、农牧局、林业局、水务局、交通局等部门领导及专业技术人员组成。

2. 提交审批。县扶贫办、财政局根据评审意见提出扶贫项目计划，报县扶贫开发领导小组研究同意后，由县政府批复后实施。

第三章 项目组织实施

一 实施主体

按照"谁组织、谁管理、谁负责"的原则确定实施主体，承担相应管理义务和责任。

二 实施方式

1. 直接到户项目。直接由农户实施，坚持农户自愿的原则，农户可自行购买所需籽种、苗木、种畜等，也可委托合作社或公司统一购买，乡镇负责监管。

2.权益到户模式。项目实施前由乡镇政府组织第三方对龙头企业或合作社产业发展前景、经营状况、信誉等进行风险评估，并出具评估报告。乡镇政府、村委会组织贫困户与龙头企业或专业合作社签订权益到户合作协议，由龙头企业或合作社组织实施，乡镇政府派人参与龙头企业经营管理，代表股东对企业和合作社进行监管。

3.基础设施项目。由乡镇按程序组织实施，县政府职能部门负责监管。

4.县重大产业扶贫项目。由县直部门或龙头企业（合作社或公司）组织实施。

三　招投标和政府采购

1.20万元以下的基础设施建设项目由项目实施单位通过民主议事程序，自行组织采购，并与相应施工资质的公司签订施工合同。

2.20万元（含20万元）以上150万元以下基础设施建设项目，到财政局备案，采取政府采购形式实施。

3.单项合同150万元（含150万元）以上基础设施建设项目公开招投标。

四　项目开工

1.产业到户项目，批复项目实施计划后即可实施；其他扶贫产业项目，按照规定办理相关手续后开工建设。

2.基础设施项目，确定施工单位后，填写开工申请表附开工前影像资料，报扶贫办备案后开工。

批复项目实施计划后，原则上1个月内无故不能开工的，由扶贫办按项目调整程序进行项目调整。

第四章　项目调整

项目批复后原则上不允许调整，因不可抗力等原因造成项目无法实施确应调整的，需重新履行项目审批程序。

第五章　竣工验收

一　乡镇自验

1. 验收人员：乡镇长任组长，主管副职任副组长，财政所、农业科等职能科室及相关专业技术人员组成验收小组。

2. 验收方法：全面验收，不留死角。采取实地丈量、现场清点、入户调查、现场评估等方法进行，出具自查验收报告。

3. 验收报告：写明项目计划、资金及内容，实际完成的项目计划、资金、内容，写明是否合格，验收组长签字，附验收人员名单。

4. 验收时间：项目竣工后原则上一个月内完成验收。对于种植业项目，生长期间验收面积，收获后验收收益。

二　县级验收

1. 县扶贫开发领导小组负责组织实施。按照项目类别、投资规模等分层次确定 10% 的项目，聘请社会中介机构进行第三方验收；抽调县扶贫办、财政局、发改局、农牧局、林业局、水务局、交通局等相关部门专业人员对其余 90% 的项目进行验收。

2. 验收方法和内容

（1）验收方法：通过入户调查，现场清点、实地丈量，查阅资料等方法进行。基础设施项目采取 100% 全覆盖方式验收；150 万元以上的产业项目全部验收，其他项目采取按适当比例随机抽样调查方式验收，比例不低于 30%。

（2）验收内容：对照项目计划和实施方案，查验是否按实施方案批复的建设内容、建设标准完成；查验提供的资料是否齐全、准确、规范，是否真实、可靠；权益到户项目要查验所签入股协议是否真实，查验入股龙头企业或合作社风险评估报告；查验项目实施的农户是否是建档立卡贫困户。

一是种植业项目：到户项目，入户调查购买或领取籽种数量，通过面积实测和购买籽种推算相结合的方法核实种植面积；权益到户项目，入户调查核对协议签订真实性，实地查验企业或合作社项目建设内容完成情况。

二是养殖业项目：到户项目，入户清点饲养数量。由村统一购买的，查验购买发票、调查乡镇监管、领取数量真实性。龙头企业或专业合作社实施的项目，实地清点数量，入户核实协议真实性。有圈舍建设的，实地丈量建圈面积，评估是否达到方案批复的建设标准。

三是林果业项目：到户项目，入户查验核实购买种苗数量。统一购买苗木的，核实领取苗木数量，通过面积实测和苗木数量相结合的方法核实种植面积，通过抽样方式核实成活率；查看苗木规格是否与实施方案一致。权益到户项目，入户核实协议真实性，并以上述方法核实栽植面积、成活率。

四是新建权益到户项目。由项目管理部门委托第三方审价机构对项目实施规模及总投资进行审价，项目补助资金根据审价机构提供的审价结果，按制定的补贴比例确定补助金额。

五是基础设施建设项目。由项目实施单位出具项目的预算报告，并由另一家具有相应资质的单位出具项目决算报告。20万元以上项目需要出具审计报告。

3. 验收需提供的材料

（1）乡镇政府验收请示（正式文件）；

（2）乡镇政府自验报告（产业项目附项目到户自验明细表或权益到户自验明细表）；

（3）项目实施方案、调整方案及批复文件；

（4）开工申请表（基础设施项目）并附开工前影像资料；

（5）招投标、政府采购有关材料（通过招投标、政府采购实施的项目）或村民代表议事纪要（通过民主议事程序实施的项目）；

（6）施工队资质、法人身份证复印件，施工合同（基础设施项目）；

（7）工程预算、决算（基础设施项目）；

（8）正式票据，审计报告；

（9）企业或合作社与村委会签订的权益到户协议（权益到户产业项目）；

（10）企业或合作社与贫困户签订的入股协议（权益到户产业项目）；

（11）龙头企业或合作社入股风险评估报告；

（12）企业或合作社营业执照、法人身份证等有效证件（权益到户产业项目）；

（13）项目公示单；

以上验收材料由验收组审核把关。

4. 验收结论

验收结束后，验收组对所验收项目进行评估认定，做出结论，出具验收报告，要写明项目批准文号、项目名称、建设内容、资金规模。验收结论要明确写明验收是否合格，验收不合格的项目主管部门要提出整改意见，下达整改通知书，报纪委备案。验收结论由验收组组长签字，验收报告附验收组人员签字名单。

三 项目审计

县审计局负责组织对全县 20 万元以上的扶贫资金项目进行年度审计，并出具审计报告报县扶贫开发领导小组。对投资额超过 150 万元重点扶贫项目，安排项目全程跟踪审计。

第六章　资金拨付和报账

一　报账形式

根据《赤城县财政扶贫资金管理实施细则》财政扶贫项目资金实行县乡报账制管理，分账核算。基础设施项目实行质量保证金制度，按照质量保证金有关规定执行。

二　资料复审

由财政局对财政资金扶贫项目资料进行复审，复审合格后进行资金拨付。

三　支付方式

按照财政国库管理制度有关规定，财政扶贫项目资金的下达采取财政授权支付或财政直接支付的方式。

根据项目类别，具体由项目单位按照财政授权支付或财政直接支付的方式办理项目资金结算。

（1）基础设施项目支付给施工单位。

（2）产业到户项目，支付到农户，政府采购项目，支付到供应商。

（3）入股项目根据股份合作相关规定，及贫困户出具的资金付款委托书，支付到专业合作社或公司。

（4）培训项目按照培训管理的相关规定，办理资金支付。

第七章　项目监管

扶贫项目实行终身责任追究制。县级项目主管部门是县级项目责任主体，"一把手"是第一责任人，主管副职是主要责任人。乡镇政府是扶贫项目责任主体，乡镇长是第一责任人，乡镇主管扶贫副职是主要责任人，乡镇党委书记是监管责任人；村书记、村主任、驻村工作队长是直接责任人，乡镇包村干部、包村领导是监管责任人。特别是要加强对权益到户项目监督管理，乡镇政府每年负责进行一次分红兑现检查。验收组是项目验收的责任主体，验收组组长是第一责任人，成员是直接责任人。纪委监察机关承担项目巡察监管责任。

第八章　附则

扶贫项目公开公示参照《赤城县扶贫项目资金公开公示办法》执行。

本细则自发布日起执行，县扶贫办会同财政局等有关部门负责解释。

中共赤城县委办公室 2017 年 10 月 28 日印发

附录七 访谈记录

（一）村委书记万清

2017年砖厂关闭的原因是空气污染。新建的沥青搅拌厂正等着验收，验收合格后，春节之后开工。以前，村里有80多口人在砖厂打工，一个月能开工资3000多元。

低保有"六不评"：村主任等领导干部不评；父母有低保的不评；有固定收入的不评；家里有小汽车的、买楼房、搞门市部的不评。低保是1年2100元，五保有3400元1年的和3600元1年的，二者区别看五保户有无劳动能力。五保户全村34人。低保全村95~96人，基本上一家一口人，如果夫妻都80岁以上高龄的，可以都是低保。

以前，2016年，全村建档立卡贫困户是227户。今年，现在，就留了112户贫困户。2016年，谷子地一亩地补400元，土豆马铃薯一亩地补500元，西葫芦也是补500元。这些补贴是扶贫办给补的，种植补贴一户最多不能超过10亩。户主提供身份证和卡号，上级扶贫办直接打给银行卡上。

目前的贫困标准，赤城县市人均一年收入在3800元以下。确定贫困户的时候是全村党员和群众代表开会一个一个评，按生产队一个一个往上评。

全村村民代表一共12人，村"两委"都是6人，都是交叉任职。

之前镇扶贫办将部分扶贫款投资入股张家口市鸿基矿业木业公司，以利于村民最后得到分红，但是，后来张家口市扶贫办来查，最后款项没有入股该公司。

扶贫款没有项目，国家款没有动。以前，为了解决吃水难问题，县里水务局打了好几眼机井，都没有打上水来。2016年，我打了一眼机井，已经出了水了，但是老百姓没有钱安装配套入户。2017年4~5月份干旱，大队村干部筹了资金1万多元，通过自己改造，现在吃的是山泉水的自来水，家家户户都吃上了。

驻村扶贫队给大队拿了电费、1000元钱煤，给34个学生买了书包和文具，给每个五保户60~70元，总计不到15000元。驻村扶贫队每个礼拜都留一个人。驻村扶贫队可能会有变动，其他单位的会继续来驻村扶贫。省里的或张家口住建局和城建局扶贫给别的村扶贫的，都是40万、50万元的给，给扶贫项目。向阳村目前为止，就是打自来水，老百姓特别高兴，都不用挑水了。

剩下的112户贫困户，我有全部脱贫的计划。如果2018年2月我继续干（村书记），我计划2018年底给他们全部脱贫。我2015年选举担任村支部书记，3年一换届么，2018年2~3月选举新一届村委会。老百姓选我继续干，全雕鹗镇30个大队，我是最优秀的。

村里面装的路灯，2016年，财政局拨款54000元，17盏太阳能灯，一盏灯3000多元。砖瓦厂取缔了，在原址他们（以前搞砖瓦厂的）要搞沥青搅拌厂，他们要给我钱，我没要，我要他们给我村修硬化路、3公里路都给修了。沥青搅拌厂建成之后，它都是全自动，不需要以前在砖瓦厂上打工的向阳村村民了。之前在砖瓦厂打工的村民去北京烧锅炉、自谋生路。

咱们大队没有集体收入，上面给村里拨的各种款项，不经村里的财务，我们见不到现金，直接用来打井或修路灯。村里办公费都是我自己掏腰包。拖欠村干部的钱，会计和大队看门都是我雇的不是，我给不了人钱，现在有15000元至18000元之间的窟窿。以前砖瓦厂给村里一年18000元至20000元，能够保证村里运营。现在砖瓦厂取缔了，什么都没有。

扶贫措施就是土地种植补贴和低保五保。金融贷款有的，是个人，为了给儿子娶媳妇，给在怀来、张家口或赤城买楼的贷款。发展生产的，没有贷款。村民上山采榛子或刨药材挣得钱很少，每年就1个星期，上山采摘的村民太多，产量太少，一星期就采完了，每家顶多挣个二三百元。

2015年至2018年，我当村书记3周年了，如果，明年我还能干书记，我会给他们闹项目，联合农户，几户联盟，弄个农业合作社，弄个几十户联盟，一起养驴、养牛、养猪、养羊或养鸡。

贫困户调整，2015年贫困户进来了60户，目前都没有退出的。2017年退出的贫困户，都是2013年、2014年进来的贫困户。村里够标准的、贫困帽摘了。现在剩112户贫困户，以前是227户贫困户。全村是386户，868口人。这112户贫困户计划2018年底全部脱贫，都想办法让他们进农业合作社。已脱贫的这115户贫困户都是今年

（2017 年）秋天（10 月初）退出的。

这 115 户脱贫的如何做？就是每户都算他们的收入。算他的产业、粮食及出售价格，每户每户算。村委会和村民代表一起做的，有会议记录，有公示，有照片。退出贫困户的每一户户主都要签字、按手印。

五保户永远脱不了贫。脱贫了就不能享受低保了。贫困户，通过算账，超过赤城县那个扶贫标准，他就脱（贫）了，超不过那个标准、永远是低保户。

今年低保退出 200 多人。家里有存款的、超过 2 万元的，都得退出低保。通过县里、镇里的银行查，通知谁有存款，具体多少存款不说，有存款的，退出低保。比如说，我的儿子是公办教师，我就不能享受低保，必须退出低保。

（二）村民

个案编号：1

DYL

还是建档立卡的贫困户，我忘了，不记得哪年进的贫困户。我家不是低保户。县里、镇里都没有扶贫，每家都有种地补助。我不清楚村里的扶贫效果，没啥感觉。驻村扶贫队也没有帮助。我现在在北京通县打工，管维修的。除了这个，没什么手艺，干不了什么活儿。我有胃病常年吃药，我爱人腰痛常年吃药。我两个儿子，一个随我姓，一个随他妈姓。老大 32 了，还没结婚。老二，25 岁，已经结婚了，儿媳是本村人。山泉水是平时都有，天旱了，就没有水吃。干旱缺水的时候，都是自己去外面找水（拉去），也有去雕鹗镇，反正都不方便。

个案编号：2

WWH

这一回退了不少贫困户，现在只留了十来户。我之前是非贫困户，现在是贫困户了，这回给弄上贫困户了。我媳妇有病，我们家没有房，租住的村委主任万清家的老房子。大儿子去年高中没有毕业就退学不念书了，那时也没有去打工，当时没到18岁，太小，也不要。

今年9~10月份才办的贫困户，现在还是没有低保。光有一个（贫困户）名，啥也没有。咱也不知道上面是怎么办的。村里就给我说，要办理（贫困户），乡里（雕鹗镇以前是雕鹗乡）也来人，说"给你反映反映情况"，后来也办上（贫困户）了。镇里来了一个陈副镇长，到村里开会，就讲这个。开会的就是陈副镇长、村里的干部和村民代表，就是说国家政策"六不评"，有些贫困户就下来了，按那个指标不是，我家就上去了。他们让去开会的，开会之前也都挨家挨户走访一圈，每家每户都在调查表上签字。开会的时候，有的去了，有的没去。

以前的贫困户，前一年，按照一亩地补助450元，种土豆的话，一亩地补助500元。低保也变了，刚刚又重选了一批。现在我们村还有80~90户。去年低保户很多了。

今年打了一眼机井，现在，这两天在挖管（通入每家每户）。机井又不出水了，现在，万清（村主任）把自来水管改装到山上的山泉水了，现在自来水管出山泉水，喝山泉水。他这一改，也可以的。

雕鹗镇东兴堡村和黎家堡村得到的扶贫措施和扶贫项目比我们向阳村多多了。按道理来讲，这两个村守着公路边、靠近镇政府、也有水，条件比我们村要强，可能是他们那两个村的村书记能干吧。这两个村离乡里近，可能上头来人了，更能看到扶贫的效果吧，上面看得好看。我们村在山沟这儿，让他们看，也看不到，对吧。那两个村都没有我们村大。在我们乡（镇），我们村不算小。

目前，我媳妇病了，我也出不去，没法打工，都快 20 年了。我光在万清（村主任）房子租了 15~16 年。今年，我兄弟盖上新房了，他就把老房子（150、160 年历史的老房子）让我住了。

这几年的扶贫效果也可以吧，基本上能够帮上村里该帮扶的。

个案编号：3

ZG

一直是非贫困户，开小卖部，什么补贴或扶贫措施都没有。说不上来村里的贫困户是怎么评上来的。贫困户脱不了贫，这里什么都没有。驻村扶贫队什么作用也没有起啊。扶贫以来，村里没有什么变化，一点儿都没有。

村上砖瓦厂 2015 年关闭的，新开的沥青搅拌厂已经经营上了。村上没有一个人能在沥青搅拌厂上班。以前，在砖瓦厂上班的村里人有百十来口，有出砖的、有拉砖的、有管生产的，有送砖的，有装车的，都能用得上。烧砖用的水是从雕鹗河上面一车一车拉来的。当时有砖厂的时候，村里的经济条件还行。有的岁数大点的人，60多的都能在那里上班，在砖厂上干一些轻松的活儿，比如，给砖盖塑料布，一个月也能赚1000多元，其他人也都能拿2000、3000元的。现在砖厂没了，原来在砖厂打工的村里人都去外面打工了，有的去北京打工了、干别的活儿。那会儿，出半年、6个半月的砖，天气冷了，不盖房子了，就不出砖了。当时，关闭砖厂是县里做的决定。烧砖需要的煤，煤的烟，污染，不达标。

沥青搅拌厂烧的是天然气，有一帮工人，我们村一个人都没有用。这帮工人都是从东北来的，东北松原那边的。沥青搅拌厂需要技术，工人需要学习技术。沥青搅拌厂也是占的村集体的地。

村"两委"有5个人，村民代表12个人、6个生产队。

我们家这几年受影响，以前，村里人去砖厂上班，上下班都来我家开的小卖部买东西，现在，砖厂没有了，来小卖部买东西的村民也少很多了，他们也没钱了，我们东西卖得也少了，挺受影响的。

个案编号：4

GB

之前是贫困户，现在脱贫了，不是贫困户了。这次脱贫了，2018年就不是贫困户了，（贫困户）2018年就没有我了么。大队的村官让我签个字就脱贫了。万清村主任、乡里委派的第一书记等人上我家去，拿个表，填了一下收入有多少，让我签字。

我现在在北京房山云居寺烧锅炉，一个月3500元，从今年11月2号开始烧的到明年3月15号，烧3个来月吧。平时不烧锅炉，就在家种点地，现在土豆也没有人买，都在家放着呢。2016年种谷子，一亩补助400元。一年种地的补贴是3600元钱。当贫困户就是有3600元种地补助，其他什么都没有了么。

2017年还是有扶贫基金的，乡（镇）里面让来办入股鸿基公司，说是年底能分红，后来入股又黄了，什么也没有了。说是一个贫困户国家给补6000元么，都入股了，现在黄了，2017年什么都没有了。到底多少贫困户，我也不知道。

家里人都不太健康。我媳妇有一点儿劳动能力，我父亲都88岁了。他俩在家，我媳妇照顾我父亲，我出来烧锅炉挣钱，不然没得花不是。

个案编号：5

ZY

我们家是贫困户，家里就我、老伴儿和孙女，孙女在北京念书。儿媳妇儿长期有病，儿子是临时工。我73周岁，腰间盘突出、腰间管狭窄压迫神经，劳动不了，没有劳动能力。老伴儿71周岁，是高血压、胸腔积液做手术，跟残废人一样。我们家确定为贫困户有3年多了吧。怎么确定成为贫困户的？大队帮忙申报，上面批了的么！上面也来我们家调查了，次次都来。我在大队里面当了20来年的大队干部，又在乡里面干了17~18年，目前我还在找着生活费。我已经劳动不了了。现在有低保，没有低保我就活不下去了。低保是一个月210元，今年才增加了。种地补贴一年 1600 元吧，我们是 6 口人（老两口、大儿子儿媳、小儿子儿媳）地才补 1600 元。钱不够的花吧，省着点儿用吧。共产党现在照顾得还可以，我也比较满意，我也是中共党员。近三年，我们家都是贫困户。自来水，我们在村南边三公里打了一口井，估计 200 多米深吧，现在（用水）比较正常。干旱的时候水还有，连上山上的山泉水，山泉水补给一部分。村子里没有水井，就是喝山泉水么。村里面有张家口市第五医院的 3 个人和市财政局的 1 个人，长期驻守，他们经常下来调查，和群众取得联系。我觉得村里面对贫困户的确定是基本可以，都差不多吧。今年有脱贫的，都是村委掌握的，我还闹不清楚。

个案编号：6

GGX

我今年 60 了，我们家去年、前年都是贫困户，今年贫困户不是了。我们家以前没有低保，现在说实话，不知道（上面）批下来没有。我们家老伴儿长期有病，半年多了，前段时间在张家口医院住院。后来住院回来，按照政策，材料都被拿走了，低保到底批没批下来，我也不知道。种地补贴，我也记不清了，我只是个小学生，家里也有病人，我耳朵也沉、记忆力实在也差，记不清。我们家怎么不是贫困户了，具体情况，人也老了，我们也不知道、不清楚，国家啥政策有些方面我们也不知道。我估计我们家 70%、80% 不是（贫困户）了。低保我们一直也没领过。贫困户以前有（种地）补贴，今年没有了。现在自来水也有，吃上了。自来水没有跟（我们）要过钱。现在不用去别的村取水了。

个案编号：7

CGQ

我们家不是贫困户，不是大队定的贫困户。但是，我们家是真的贫困，我老伴儿有病、做手术，他有低保，一个月多少钱我也不清楚。家里有种地补贴，很少，全家地有9亩，一年种地补贴不到1000元。村里安装的自来水还可以，也不知道是打井的水还是山泉水。我不清楚全村什么时候全部脱贫，也不清楚贫困户是怎么评定的。

个案编号：8

CYH

我家不是贫困户，我妈妈有低保，有点儿钱就可以了。她自己一个人住，做饭呢，有时候她自己一个人做，有时候我们做点儿给她向上（相对于住的地点）端端，或者她下来（我家）吃。大多数情况下，她自己一个人做（饭）。有自来水了，做饭也方便一点。我有两个儿子。大儿子结婚了，已经分出去了。家里只有我、老伴儿、妈妈和小儿子。小儿子还在上学，没有任何补助。母亲有低保、是贫困户。今年村里取消了一些家庭的低保和贫困户。不过，我妈妈还有低保、还是贫困户。这两年村里面整顿低保和贫困户，怎么说呢，老人有低保和贫困户就行了，小的（晚辈）再说。我不知道哪年村里全部脱贫。

个案编号：9

WF

我们家不是贫困户。我们村贫困户的确定肯定不公平啊，人家有车有房的是贫困户，我们没车没房的不是贫困户。对贫困户的清查结束之后，还有个别有车有房的是贫困户。评下去（原先贫困户变为非贫困户）的那几个本来就不应该是贫困户，因为就是老人有病的，才给评上去的，两口都50岁了，孩子也不念书了，也有工作的，家里零负担，人家是贫困户呢。像我们这样的，一个人（丈夫）上班挣钱，我在家看两个孩子，两个孩子念书，还有双方的父母，负担有多重？他们（不该评上贫困户而评上贫困户的）没有。大孩子上初中了。贫困户也有一些教育补助，我们家什么补助都没有。全村对贫困户的评定，肯定是有的（是贫困户）就没意见、没的（不是贫困户）就有意见呗。不清楚村里是不是又下来调查，再确定谁是谁不是贫困户，还不都那样！我公公长期肠炎，他肚子疼，我婆婆又是糖尿病又是脑血栓，然后，低保也给撤了，去年撤的，说是什么，闺女有工作就给撤了，然后，也不是贫困户。今年村里整顿一下低保和贫困户，是比去年稍微好一点儿了。谁该不该拿低保、当不当贫困户，村里人差不多都知道。我知道，2020年全村都要脱贫。我觉得村里面这种扶贫方式（给低保、种地补助或教育补助等）总的来说不太公平。咱们年轻人，不需要，咱受点累，也可以，是吧？尤其是上了岁数的那些人，有的有低保，有的他/她就没有低保，都上了年纪，有病的挺多的，是吧？砖厂没了，沥青厂去年就生产了，今年不知道生产没有。村里面没有人在沥青厂打工。自来水今年好了，一直都有。去年干旱的时候，得用山上的山泉水。今年的自来水反正是配套了，家家户户都连上水管和水龙头了。吃水至少比以前好多了，今年夏天（自来水）至少没有间断。有水的时候，咱就洗洗衣服，没有水的时候，咱就等等。我们村"光棍儿"也不少吧反正。现在也有外面年轻的女的嫁过来的。现在年轻的孩子，有工作的，什么样的都有，也从外面说媳妇儿。

个案编号：10

LXL

我们家是贫困户。我妈妈有低保，我也不知道我妈拿多少钱低保。现在，我妈妈一个人住，我们不一块住了。去年，我们在一块住，今年分户了。现在我妈是低保和贫困户，我们家不是贫困户了。我们家小孩现在上幼儿园，村里面没有给小孩上幼儿园补助。我知道村里面今年整顿低保和贫困户了。有些不符合低保条件的就不能领了。有的取消的，年轻人什么的，领低保，就不合法什么的，有关系户。整顿之后，现在还有不是贫困户的评上贫困户，靠关系的。不知道全村什么时候全部要脱贫。有人下来调查，最关键的是，今年危房改造，我妈住的房子都快塌了都没人管。说是上面有专家——危房专家，下来看，说是不符合危房改造标准，我妈那房子都裂挺大缝子的，没人管，说是不够危房标准。当官的亲戚全是危房改造，他们都改造了，都是亲戚有关的，跟当官的有关系的。当官的亲戚人家都改造了，有一家（人家好几个儿子、有车有房）改造好几处（房子）的。万清主任给村里挖水井还可以，是好事。

参考文献

习近平:《在深度贫困地区脱贫攻坚座谈会上的讲话》,人民出版社,2017。

李培林、陈光金、张翼:《社会蓝皮书:2017年中国社会形势分析与预测》,社会科学文献出版社,2016。

李培林、魏后凯、吴国宝:《中国扶贫开发报告（2016）》,社会科学文献出版社,2017。

谢宇、张晓波、李建新、涂平、任强:《中国民生发展报告（2016）》,北京大学出版社,2017。

中央组织部干部教育局:《新发展理念案例选:脱贫攻坚》,党建读物出版社,2017。

国务院扶贫开发领导小组办公室:《脱贫攻坚政策解读》,党建读物出版社,2016。

张丽君、吴本健、王润球等:《中国少数民族地区扶贫进展报告（2016）》,中国经济出版社,2017。

〔美〕D.盖尔·约翰逊著,林毅夫、赵耀辉编译:《经济发展中的农业、农村、农民问题》,商务印书馆,2013。

庄巨忠:《亚洲的贫困、收入差距与包容性增长》,中国财政经济出版社,2012。

罗骥:《生态城镇化与贫困县域经济发展研究:以承德县为例(人民日报学术文库)》,人民日报出版社,2017。

刘娟:《贫困县产业发展与可持续竞争力提升研究》,人民出版社,2011。

徐鲜梅:《国定贫困县下的村庄:云南白邑村国情调查(中国国情调研丛书·村庄卷)》,中国社会科学出版社,2015。

聂凤英:《中国贫困县食物安全与脆弱性分析:基于西部六县的调查》,中国农业科学技术出版社,2011。

吕德文:《涧村的圈子:一个客家村庄的村治模式》,山东人民出版社,2009。

阎云翔:《礼物的流动:一个中国村庄中的互惠原则与社会网络》,李放春、刘瑜译,上海人民出版社,2017。

贺雪峰:《最后一公里村庄》,中信出版社,2017。

洪名勇:《贵州贫困问题研究报告》,经济科学出版社,2013。

刘小珉:《贫困的复杂图景与反贫困的多元路径》,社会科学文献出版社,2017。

高帅:《贫困识别、演进与精准扶贫研究》,经济科学出版社,2016。

洪名勇、姚慧琴:《西部民生与反贫困研究》,经济科学出版社,2013。

王跃生:《中国当代家庭结构变动分析——立足于社会变革时代的农村》,中国社会科学出版社,2009。

胡湛、彭希哲:《中国当代家庭户变动的趋势分析——基于人口普查数据的考察》,《社会学研究》2014年第3期。

后 记

　　农村婚姻家庭问题是本课题主持人长期关注的研究领域。这次有幸获得中国社会科学院国情调研特大项目"精准扶贫精准脱贫百村调研"子项目的资助,有机会继续追踪课题主持人长期调研的环京津贫困带中的国家级贫困县里的贫困村——河北省张家口市赤城县雕鹗镇向阳村,考察和分析该村在国家脱贫攻坚关键阶段精准扶贫精准脱贫的具体做法、成效、经验和教训。

　　从 2012 年开始,课题主持人先后多次前往向阳村调研。2012 年至 2015 年,课题主持人承担国家社科基金青年项目"贫困地区通婚圈变动与男性婚配困难问题研究",向阳村是主要被调研地点之一,其地区贫困、村落贫困、家庭贫困等贫困现象与男性大龄未婚、失婚和婚配困难的关系是研究焦点。2016 年底立项的"精准扶贫精准脱贫百村调研·向阳村的小康之路"项目将研究目标聚焦于国家脱贫攻坚阶段该村的精准扶贫精准脱贫实践。这两项研究项目及调查具有较为紧密的联系和较好的连续性。在此期间,向阳村经历了村"两委"换届。上届村委委员郭库先生,本届村委书记及主任万清先生给我们的工作提供了很大方便。郭库先生是常住于向阳村的老村民，熟悉大小村情和各家各户及每个人的具体情况，热心协助调查。万清先生出任村书记/主任之前是赤城县自来水公司退休干部，他出生于向阳村并在向阳村长期生活过。万清先生非常热心向阳村的脱贫攻坚事业，积极联系打机井能人，为向阳村百姓吃水问题的解决做出了突出贡献。同时，万清先生非常支持课题组的调研，也比较了解村情户情人情，对我们的帮助甚多。同时，向阳村民风淳朴，各项调查和访谈得到了村落百姓们的积极配合，令人感动。在此，我们向给予我们支持的向阳村干部和村民表示衷心感谢。

河北省张家口市赤城县人口与计划生育局原副局长杨成明先生、雕鹗镇计生干部韩廷富先生热情帮助联络疏通县、乡镇和村落交流渠道，这是本项调查能够顺利开展和完成的重要保证，在此我们向二位谨表谢忱。中国社会科学院人口与劳动经济研究所的领导和科研处负责人为本课题立项给予大力支持，人口与社会发展研究室的领导和同事们也为课题组工作提供了诸多便利和帮助，在此深表谢意。

王 磊

2019 年 10 月

图书在版编目（CIP）数据

精准扶贫精准脱贫百村调研. 向阳村卷：发挥村"两委"脱贫领头人作用 / 王磊著. -- 北京：社会科学文献出版社, 2020.6
　　ISBN 978-7-5201-5175-7

　　Ⅰ.①精…　Ⅱ.①王…　Ⅲ.①农村-扶贫-调查报告-赤城县　Ⅳ.①F323.8

中国版本图书馆CIP数据核字（2019）第146216号

·精准扶贫精准脱贫百村调研丛书·

精准扶贫精准脱贫百村调研·向阳村卷
　　——发挥村"两委"脱贫领头人作用

著　　者 / 王　磊

出 版 人 / 谢寿光
组稿编辑 / 邓泳红　陈　颖
责任编辑 / 陈　颖

出　　版 / 社会科学文献出版社·皮书出版分社（010）59367127
　　　　　　地址：北京市北三环中路甲29号院华龙大厦　邮编：100029
　　　　　　网址：www.ssap.com.cn
发　　行 / 市场营销中心（010）59367081　59367083
印　　装 / 三河市尚艺印装有限公司

规　　格 / 开　本：787mm×1092mm 1/16
　　　　　　印　张：14.25　字　数：138千字
版　　次 / 2020年6月第1版　2020年6月第1次印刷
书　　号 / ISBN 978-7-5201-5175-7
定　　价 / 59.00元